金塊文化

金塊文化

理財智慧書

給月光族的財富手冊

納旦尼爾・克拉克・小福勒（Nathaniel C. Fowler, Jr.）◎著　胡彧◎譯

推薦語

如果你想要弄懂正確的投資觀念、學習終身理財的方法，希望追求長期穩定的投資報酬，而且不要承擔太多風險就能達成人生的目標，你需要學習的是正確地分配你的錢。大師納旦尼爾·C·小福勒在他的傳世之作《理財智慧書》中已經告訴你答案了。

——彼得·林奇（《致富之路》作者，美國卓越的股票投資家和證券投資基金經理。目前他是富達公司副主席、富達基金託管人董事會成員之一，在他出任麥哲倫基金經理人的十三年間，麥哲倫基金的資產由二千萬美元成長至一百四十億美元。）

談到賺錢，有兩種方式：你可以上班，用你的時間和技能換取金錢，這也是為什麼大多數人努力工作的原因；或者你可以拿出你的錢，讓它成為你的工具，也就是讓錢賺錢。

每個人應該找到適合自己的投資方式，我本人比較喜歡那些無人關注的、股價便宜的股票，但是做出背離大眾的選擇是需要勇氣的，而且我認為最重要的是扎實的研究和分析。

我的投資理念的形成都得益於我在耶魯就讀時期偶然間閱讀到的一本小冊子，它就是納旦尼爾．C．小福勒的《理財智慧書》，它讓我瞭解金錢的本質和培養理財觀的重要性，更讓我知道，如果想要長期賺大錢，一定要腳踏實地。

——吉姆．羅傑斯（國際著名的投資家和金融學教授，他具有傳奇般的投資經歷，從他與金融大鱷索羅斯創立的令人聞之色變的量子基金到牛氣十足的羅傑斯國際商品指數RICI，令世人為之嘆服。）

三十歲以前，人要靠體力、智力賺錢，之後要靠錢賺錢，而這個概念的形成得益於一位朋友送給我的這本納旦尼爾．C．小福勒的《理財智慧書》原版書，當時還沒有中文版，這是一本步入商界之初就應該要看的經典理財書，希望更多的青年才俊及早讀到它。

——李嘉誠（現任長江實業集團有限公司董事局主席兼總經理。一九七二年，「長江實業」上市，其股票被超額認購六十五倍；二〇一〇年，長江實業總市值約為六千億港元，佔港股總市值約十%。）

這是一部百年的經典作品，《理財智慧書》作者納旦尼爾·C·小福勒本身就是位多產作家，是那個年代多領域的楷模，本身就是財富的締造者，曾是福勒出版集團的創建者、首任董事會主席。本書讓讀者充分瞭解商業社會中的各種金融基本概念和年輕人應該建立的理財觀，是工具和理念，是一切投資理財的基礎。

——《華爾街日報》

譯者序

一百多年前，納旦尼爾．C．小福勒（Nathaniel C. Fowler, Jr.），這位美國教育家、作家、實驗心理學和廣告學的創始人之一，懷著為年輕人寫作的畢生追求和夢想，先後完成三本「生命啟程」系列的經典作品：《即刻啟程》（Getting a Start）、《成功啟程》（Beginning Right）、《生命的啟程》（Starting in Life），為一代又一代的年輕人點燃一盞盞精神成長的明燈，引導青年人如何在有限的生命過程中認識自己，實現自我，追求高品質的生活，他的理論與那些通常只是憑藉空洞說教、一味強調追求高尚精神生活的演說家、教育家們不同的是，納旦尼爾更是一個現實的引導人。

正如他所說：「我們應該充分地意識到這是一個物質世界，是人類靈魂的暫居之所。上帝讓我們生活在地球上是有一定目的的，給我們的土地、食物和其他的物質，如果不加以利用，上帝就會收回它們。」他深深的意識到對那些剛剛從校園裡走出來的窮學生們來說、對那些身無分文卻心懷夢想的年輕人來說，經濟基礎的建設需求更為迫切，也只有堅實的經濟基礎才可以讓成千上萬的年輕人們有條件、且更自由地去追求高尚的精神生活，正所謂：「倉廩實而知禮節。」

於是，一方面，納旦尼爾通過「生命啟程」等一系列的經典勵志作品激勵年輕人加強自身品格與素質的修養，另一方面他通過對經年累月積累生活經驗的總結、對成功者生活的洞察，開始向年輕人傳授經營殷實生活的實際經驗，這本《理財智慧書》就是其中的一部實用性和操作性都很強的生活經典指南。

從這一點上看，我更欣賞納旦尼爾這種現實的理想主義，也因此希望憑藉自己微薄的力量，將其對青年人生活很有現實指導意義的樸素作品翻譯過來，讓現今的年輕人對真實的生活有著正確而理性的認知，並通過勤奮的努力、科學的經營和有效的理財方式，獲得殷實而富有的生活。無疑，相比如今那些為了高額的利潤而一味鼓勵年輕人投機取巧，奢望一夜暴富的媒體宣傳，納旦尼爾的作品有著更為現實意義的良性引導力量。

在閱讀「生命啟程」系列作品的過程中，我們感受最多的是精神的營養和豐盈，而在這本《理財智慧書》中，我們卻能感受到更多的生活智慧，當我翻譯完最後一個字時，我深深的體會到：「貧窮並不可怕，可怕的是我們從來沒有過富足的思維，那是因為我們從未曾嘗試著去學些經營生活的技巧，並且，精神追求和物質生活從某種意義上說，是相輔相成的，如果你的精神世界足夠富有，那麼你是幸運的，但是如果你能把握好精神追求與物質世界的平衡，並懂得如何取捨，那麼你會是幸福的。

正如納旦尼爾所說：「當你仰望天空，或欣賞藝術品時，想到更多的是精神世界，而不是物質世界。但首先別忘了先給自己建一間不漏雨的房子。不然，雨水會沖壞你的畫布，日曬會毀掉你的靈感。物質是不能建立在精神之上的，但精神的存在和發展是以物質為基礎的。永遠不要忘記：你需要一間不漏雨的房子。」

最後，誠摯的感謝送給本書的策劃人和我的出版經紀人孔甯先生，正是你們的合理建議、大力支持和辛勤工作，才使得這部經典作品得以與讀者見面。

譯者二〇一一年二月

C·O·N·T·E·N·T·S 目錄

C·O·N·T·E·N·T·S 目錄

序 這不是一本寫給有錢人看的書

儘管沒有必要，但我還是要聲明：這本書與任何投資、銀行、仲介都沒有直接或間接的聯繫。寫此書的目的並非是推銷股票和債券，也不是為了任何形式的有價證券。不是強迫讀者消費，也不是推銷某種計畫，更不是推薦某種投資。

我是用我的專業知識來告訴你一個事實，努力剖析最深層的金融真相。我明白對於投資的問題，人們的觀點不同，即使最老實的人，當在做鑑定、評估、推薦時，也是會提出異議的。一個忠實可靠的人認為很好的投資，並不一定會吸引另一個同樣老實謹慎的人；一個在某項投資中獲得收益的人，他非常鍾情於此項投資，而另一個人投資卻虧本了，他就指責那項投資，而沒有意識到他的失敗並不一定是投資本身有問題。

沒有人是絕對公平的，每個人多多少少都有點偏見。因為人們在形成觀點和做出判斷的時候，個人的經歷、自負、愚蠢、頑固等個性特點發揮了至關重要的作用。

所有的投資都有其內在的價值，有的投資安全性很高，有的投資安全性卻很低；有的投資是帶有欺詐性的，有的甚至完全就是投機行為。

儲蓄者和投資者都應該牢記一條最基本的原則——最大獲利的投資總是伴隨著最大的風險，而最小獲利的投資安全性也是最高的。沒有風險就沒有獲利。

在書中我盡其所能避開自己的觀點和個人的偏見。對不擅長的領域，借用了很多別人的觀點。我所發表的觀點都有論據支持，並且參考了廣泛的資料，嚴格篩選並綜合了大多數人的觀點意見。

這本書不是寫給那些大的投資商看的，也不是給那些炒外幣和投機的人看的。它是寫給各個年齡階段有理財能力的人看的。如果想長期地、穩定地存些錢，如果想學某種投資方式，那你將會從本書找到最安全的投資方式。

第1章 我們生活在一個物質的世界

我估計有很多讀者會坦率地批評：在此書中我過多地強調了物質主義，而忽視了心理和精神在人性昇華方面所產生的作用。

金錢和其他的財富象徵充斥著整個現實的物質世界。金錢本身並沒有道德、心理和精神，它只代表物質。

對於此書的論調我認為沒有不妥。在現實生活中，物質生活絕對要排在首位。如果上帝創造了有靈魂的人類，並安排了人類的精神生活，我們就不應該忽視人類生活的其他部分。

把高尚的和低俗的做比較是沒有意義的，缺少任何一個，我們生活的世界都不會完整，它們對人類社會都必不可少。

我們應該充分地意識到這是一個物質的世界，是人類靈魂的暫居之所。上帝讓我們生活在地球上是有一定目的的，給我們的土地、食物和其他的物質，如果不加以利用，上帝就會收回它們。

幾千年後不會再有金錢和生意了，因為我們已經擁有有價值的東西，再多的物質也只是濫用了。但對現在和未來的幾代人，金錢仍會發揮著至關重要的作用。為了現在的生存和對未來的保障，賺錢和存錢都是必須的。

有些人認為賺錢和存錢太物質主義了，就對它們心存蔑視，那就大錯特錯了，因為錢對人類的生活必不可少。如果人們的居住條件不好，那就很難發揮出人的天分。食物、房屋和取暖都是生存的必需品，因為我們要吃飽，要保持乾淨和溫暖。而在當今的社會，這些只有靠花錢才能買得到。

蔑視金錢？當然可以，因為它是一切罪惡的源泉。但同時不要忘記誠實勞動獲得的金錢，是完全可以有益地被使用。當我們回歸到最自然的狀態，就會發現：不賺錢，就餓死。

一艘滿載著生活必需品和高尚生活用品的船在一座小島上擱淺了。一場暴風雨使它不再能夠續航，僅能支撐把貨物送上岸。船上的東西都完好的保留下來了，包括幾箱油畫，其他的藝術品和許多名著。船長是個受過教育的人，但他在甲板上站都站不穩，又怎麼能夠指揮船。

災難並非他的錯。船長沒有命令把藝術品先搬到岸上？當然沒有。藝術品是最後才被搬上去的，首先搬上岸的是木頭、爐子和食物。在他的指揮下，房子建好了，屋頂也不會漏水。支起了爐子，搭好了床，食物也搬進去了。還打了一口井，一切生存必需品都安排好了。直到那時，藝術品才被拿出來，掛到了牆上，為現實生活增加了一絲美感。

船長首要考慮的是一間不漏雨的房子，然後是人們的各種生理需要，最後才是滿足人們視覺審美的要求。只有找到了可以擺放藝術品的地方，人們才會想起它們。我曾經在一次講演中講過這個故事，當時一位穿著長大衣，帶著白領結的男人從觀眾席中站了起來。他這種從不努力思考的人，對我所說的話表示強烈的反對。他說比起土地，他寧願要風景；他強調了倫理道德的重要性，貶低了人們生存所依靠的物質世界。

當他說完，我反駁道，喜歡風景多過土地的人，只有站在土地上才能看到風景。這樣的人是不可靠的，他只願欣賞免費的美景，而不願意花錢購買土地。只有那些勤勞的人，用勞動換來金錢，買了土地，他才有權利站在上面。

允許我用一些粗俗的語言，這個喜歡風景的人，簡直就是街頭的流浪漢，他用逃避工作來換取免費的風景。

不論是自己賺錢，還是靠乞討，都要靠金錢過生活。很多眼睛長在腦門上的人，根本不尊重勞動者，可是沒有這些勞動者的努力工作，那些崇尚精神生活的人，根本就無法生存。除非我們身心殘疾，不然不能養活自己和下一代的人簡直是可恥的。我不是要求所有的人都要攢下很多財富，因為這是很少人能做得到。我只是要說明賺錢和存錢在當今的社會是十分必要的。當你有條件、有能力去賺錢和存錢的時候，而你不這麼做就會像犯罪一樣，就如同你偷了鄰居的房子和存款。

你有謀生的能力，並能存下一些財富，如果你不去這麼做，你就和乞丐一樣，不值得人們尊重。這就如同你對世界說，你是一個靠著別人的汗水和雙手的勞動來生活的人。

當你仰望天空，或欣賞藝術品時，想到更多的是精神世界，而不是物質世界，但首先別忘了先給自己蓋一間不會漏雨的房子。不然，雨水會沖壞你的畫布，日曬會毀掉你的靈感。

物質是不能建立在精神之上的，但精神的存在和發展是以物質為基礎的。永遠不要忘記：你需要一間不會漏雨的房子。

第2章 有遠見者成功，目光短淺者失敗

揮霍無度的人和吝嗇小氣的人都是最典型的、最常見的傻子，在他們的生活中沒有一點創造力，沒有一點進步和有價值的東西。他們永遠也得不到任何人的尊敬，即使是和他們一樣的人。

揮霍無度的人，成天呼朋喚友卻沒有一個真心的朋友；吝嗇小氣的人，太不合群，無法看清真實的自己。

揮霍無度的人對他的所求得多付很多錢，對於他揮霍的錢財，他永遠得不到同等的回報。他在播種，但卻沒有收穫，他比一般人生活得更辛苦。

吝嗇小氣的人就像一個倉庫，有一百個入口卻沒有出口。他不停地索取，卻一點也不捐贈。無論是吝嗇小氣，還是揮霍無度，對社會都會造成威脅。如果有一個平等和公正的法庭，都會判他們去做艱苦的工作——至少做一些對社會有貢獻的事

情。

雖然有待證實，但據說一半以上的中產階級，尤其是美國人都是無遠見的人。他們掙多少花多少，甚至入不敷出。他們超前消費，今天的日子風光無限，明天的生活窮困潦倒。

我不是說這些人所占的比例很大，但的確有相當多人過著今朝有酒今朝醉的生活。

醫生們都明白和認可這樣一種情況，即他寧願收入的二十五~四十%是花在所謂的「中產階層」——那些坐著飛機飛來飛去，生活在保護傘下和受到社會尊敬的人群，也不願意把錢花在那些為他提供更多利潤的中下階層病人身上。

做食品零售的，做家庭服務的，和做服裝裁剪的人都要努力地避免經濟損失。仲介、信用協會和貿易法規的建立，都表明了一大部分的人是不守信用的，也是沒有遠見的。

讀者可能會覺得我太悲觀，太看重事物黑暗的一面。然而，我寫此書的目的就是要像鏡子反射現實一樣，揭露事物真實的狀況，而不是我們假想的狀況。如果你對此書心存疑慮，可以去採訪那些零售商、出租房屋的人和奢侈品的經銷商們。然後你就會覺得我的觀點是比較樂觀，而不是杞人憂天了。

為什麼有些人的生活總是入不敷出？尤其是那些收入足夠負擔日常所需，並能過著舒適生活的人？他們沒有理由，最多也就是一個蒼白無力的藉口。這只說明了一點，即使有頭腦的人，也有錯誤的想法。因為在這個世界上，人們習慣被外表所迷惑，可以說是自己作秀自己看。我們推崇那些膚淺的生活方式，所反射出來的並非是自己真實的生活，而所付出的代價就是我們失去了幸福生活的權利。

錯誤的觀念和錯誤的判斷要對這個悲慘的社會負責，雖然社會悲劇的源泉主要在於缺乏個人信譽，這種優良品質在當今社會上已經快要絕跡了。

事實上，收支相抵和入不敷出是找不出任何支撐基礎的藉口。揮霍無度的人和奢侈浪費的人是十足的笨蛋，是違背人性的罪犯。他們既得不到看他們炫耀的人的認可，也不會博得同階層的人的讚揚。

奢侈浪費的人的行為根源是粗俗和墮落，而那些在別人背後說閒話、傳播謠言和多管閒事的人，他們總是看不到自己所犯的錯誤。所以，那些揮霍無度、奢侈浪費的人，永遠得不到他們想要的——社會的地位和人們的認可。他們唯一能獲得的就是購買那些人造的奢侈品，而這對於他們聰明的鄰居們是想都不願意想的。他們永遠都找不到一個真心的朋友，也沒有受到過真正的崇拜。

如果有人跟你做朋友是因為你願意借錢給他們花，並且他能從中獲利，或者他跟我們做朋友是因為羨慕我們有錢，這樣的人，你在他身上找不到友情，連影子裡都沒有。朋友是不能用金錢購買的，友情同樣不能用金錢交易。

炫耀奢華對誰都毫無益處。真正的友情是在人與人的交往中形成的，完全取決於人的真實性格。奢侈浪費的人到最後兩手空空，除了不經思考的過度消費所帶來的低微的、暫時的滿足感。

沒有遠見的人，總是在借錢生活。他不管自己賺多少，想買什麼就買什麼。他腦袋裡甚至沒有還錢的概念。如果不費事，他可能會還錢；如果他沒有能力還錢，他連想都不想。他的良心不是冷藏在冰櫃裡，就是融化在陽光下。

沒有遠見的人也不願意存錢，他們總是入不敷出。他們才不會為了將來有保障而放棄現在的生活享受。一旦災難來臨，他們總幻想著有遠見的人來幫助他們。

讓我用實例解釋一下：兩個有著同樣能力，但不同性格的年輕人開始了他們的人生旅途。十幾年後，他們的收入相同，他們的物質生活也應該差不多。一個人讓自己過了十幾年的奢華生活，終於有一天身無分文了；而另一個人，很有遠見，卻不吝嗇，他總是能把收入存下一些，時間一長，積累了一些財富。沒有遠見的那個人希望從有遠見的那個人手裡借一部分存款，換句話說，就是那個整天大吃大喝的人，要那個勤儉節約的人給他錢花。他把自己的餅全吃光了，又要來分別人的餅，這種情況已經屢見不鮮了。

顯而易見的是，我們不能同時又花錢又存錢。揮金如土的人根本就不懂得積累財富，只有規律儲蓄的人才懂得防患於未然。

讓有遠見的人把他辛苦賺來的錢分給沒有遠見的人是毫無道理的，那個沒有遠見的人，本來和那個有遠見的人起步一樣，他本可以同樣精打細算，勤儉節約的。罪人是逃避不了懲罰的，除非他能痛改前非，否則躲避應得的懲罰是不公平的。沒有遠見的人就應該受苦，這是他應得的懲罰；有遠見的人只是平時精打細算，過得節省些，而沒有遠見的人揮霍過後，卻為他當初的揮霍付出十倍的痛苦。

我知道我的觀點有點強硬，很多人可能會誤解我，我可能給人的印象是，我不把仁慈當作人應該有的美德，但是在這裡，我要對我的讀者說，我明白仁慈的意義，沒有仁慈就像沙漠中沒有綠洲一樣。仁慈就像是地球的經緯線一樣必不可少，但是如果仁慈用錯了地方，就成了對罪犯的獎勵，是唆使犯罪的一種表現，本來的好意卻變成了傷害。

有很多時候我們幫助那些沒有遠見的人是因為他們的家人是無辜的，並沒有犯錯。幫助一個受難家庭是無可厚非的，但是對他自己，就應該讓他自作自受。這時你不要太感情用事，要收回你的仁慈，否則，你的善心就好像被稀釋了、被蒸發了一樣，消失怠盡。

一個人由於奢侈浪費而導致的經濟拮据，是不應該得到經濟的援助的。當災難不可避免之時，懂得節儉的人想要在經濟上幫助奢侈浪費的人的想法不僅是愚蠢，也是錯誤的，除非這樣的救濟幫助的是一個無辜的家庭。

請不要誤解我，我所指的人並不是那些遭遇到人力不可控制的災難的人，而是那些揮霍無度的人，那些對未來沒有規劃的人。他們把收入全花光，甚至入不敷出，他們本來可以過得衣食無憂，現在卻因為自己犯的錯過著困苦的生活。這樣的人不值得我們幫助，除非他能通過辛勤的勞動來彌補他的過錯。我們不應該把我們的仁慈善良用在這樣的人身上，那些以助人為樂的人應該把他們的寬厚仁慈用在別的方面，去幫助那些遇到生活困難卻自強不息的人。

幫助那些應該得到幫助的人是正確的，而幫助那些不應該得到幫助的人不僅是錯誤的，並且是錯上加錯，因為這就等於剝奪了那些應該得到幫助者的權利。

給那些懶惰的人過多的機會就等於鼓勵粗心、奢侈和犯罪。那些盡了最大努力的人應該得到讚揚和幫助，而那些不努力的人應該受到懲罰。當他來找你幫忙的時候，你並沒有權利去幫助他，因為他自己都沒有努力，也不願意努力。

我對那些努力的人倍感佩服，但對那些不願付出的人沒有絲毫的憐憫。不論結果怎麼樣，只要他努力了，我們就說他是個成功的人；那些不願努力的人沒有權利要求分享別人的勞動成果。

記得，只去幫助那些願意付出努力的人，而不要去幫助那些閉著眼睛在燈光下走路和拒絕聆聽別人忠告的人。

第3章 入不敷出的生活

我認為我的觀察和分析並沒有脫離實際。有四分之三的城市居民和四分之一的小鎮居民把他們的收入全花光了，至少一半的人都是入不敷出。

而現在，情況不是向好的方向發展，而是向更壞的方向發展。和以前相比，現在有越來越多人入不敷出，並且他們沒有任何意願打算做一些理財計畫。他們不但把收入全部花掉，而且是提前使用了將來的收入，因此債務纏身。

收入較少的家庭，儘管做了很嚴密的計畫，但由於必要的花費太多，還是很容易超支的。所以大部分的人都花光了他們的收入，過著超支的生活。

生活的必需品，或者說一些物質的享受，並不是特別的昂貴。大多數人都可以花很少的錢就過得很舒適。基礎的花費並不大，金額大的通常是非生活必要，甚且是那些沒有什麼用的花費。錢總不夠花的原因要不是太奢侈浪費，就是買了太多不必要的東西。

我們很難清楚地劃分舒適和奢侈，因為對一個人是奢侈的東西，對另一個人可能只是生活的必需品。但是一個生活比較細緻的人，一個渴望成功的人，是不會很難區分出必需品和奢侈品的差別的。

一半的經濟破產是由於奢侈浪費和完全沒有必要的個人享樂。許多人管理事業的時候都是過度小心，但在處理個人花費的時候卻揮霍無度，愚蠢至極。

家庭和個人的過度花費不但造成了經濟上的破產，而且是許多家庭問題的主要來源，甚至造成了家庭破裂。

雖然金錢在表面上是商業的一部分，是經濟的基礎，但明智的和不明智的支出卻存在於家庭生活中。因此，要不是從現在就開始存錢，要不就繼續錯下去。

在家庭生活中節省的人，在商業往來中也是比較有計劃的。

過度奢侈的家庭生活，尤其是僅僅為了博得別人稱讚就大量購置服裝，只在乎外表的美觀，根本不考慮實際需要，真是愚蠢的行為。這種瘋狂的愚蠢行為導致了在服裝、傢俱和裝修方面過度浪費，購買商品過多地用來炫耀，而不是以實用和舒適為目的。事實上，顯示奢華是一種膚淺的表現，任何超出能力範圍的著裝和居住的生活方式，都會造成事與願違的後果。我們並不是按照我們想像的樣子被判斷的，如果我們是屬於中產階級，也是以我們身邊的朋友和熟人來被衡量的。因為他們對我們的收入能猜個八九不離十，一旦我們穿得太過講究，就顯得格格不入，就會受到旁人的鄙視。

如果我們養不起馬，也養不起車，就不要養了，否則就會失去有馬有車的人的尊重。雖然他們可能也負擔不起。

品味低下的人對他的同伴毫不尊敬，他只願接觸那些品味更差的人。很難理解在人性中有這樣一種品質：鼓勵人們去炫耀。在一群人當中，你很容易看出誰在炫耀。但是假裝成某一種人根本不能給我們帶來任何好處，因為這很容易被看出我們只是冒牌貨。舉個例子，我們假設約翰．史密斯先生是約翰．鍾斯先生的老闆，史密斯太太邀請鍾斯太太去喝茶，史密斯太太知道鍾斯家的收入，因此她就能判斷出鍾斯太太是否穿得很得體，還是穿得太過炫耀。但是很有可能，鍾斯太太穿的衣服比史密斯太太的還要貴，還要好，超出了她的家庭收入的範圍，這樣，鍾斯太太不但不能給史密斯太太留下好印象，反而會遭到她的輕視。史密斯太太就會向她的先生表達這種厭惡，從而導致鍾斯先生的利益受到損害。

讓我把對偽裝生活方式的分析先放在一邊，雖然它是導致入不敷出的原因，但是暫時讓我把它當成一種有內在價值的商品。當一種商品有價值，那它就不僅是虛有其表，它也反映了一定的事實。

如果一個人並不在乎是否誠實，他可以繼續這種偽裝的生活方式。只要他能戴好面具，強顏歡笑，就能擺出他想要的樣子。然而，這一點並不是任何人都能做到的。

不論從長期還是短期來看，偽裝者都是失敗的人，這冷酷的世界早晚會給他真實的評價。

過著透支的生活實際上並不能給我們帶來什麼好處。首先，遇到緊急情況無法應對；其次，有太多不確定的風險存在；第三，雖然物質滿足了某些方面的需要，但對健康卻是不利的；第四，雖然渴望讓人留下好印象，但往往事與願違；第五，總是第一個嘗到失敗的滋味；第六，這樣的人給人感覺特別不實在；最後，這樣的生活往往到處碰壁，根本不能帶來任何一丁點兒的好處。

我們是什麼樣的人就是什麼樣的人，我們即使受到格外的尊敬，也是暫時的，也是不足稱道的。我們擁有什麼誰都清楚，如果想製造出富有的假象，結果只能是自食惡果。

透支的生活方式不但是錯誤的，也是愚蠢的。你越炫耀，別人越覺得你愚蠢，你也根本得不到尊重。人們心中所尊敬的還是那些勤儉節約的人。

分析人性和衡量人品最好的地方莫過於在度假勝地，尤其是在度假酒店。酒店不一定等級很高，但一定要很貴。住在裡面的人大部分都是穿著講究，開著名車來的，但這些並不能代表他們的財富和社會地位，因為很有可能，一些穿著樸素的人，雖然只是鳳毛麟角，但他們的財富和地位讓他人難以望其項背。

我當然很清楚，那些富豪和他們的家族都熱衷於表現，但無論是哪一種形式的炫耀，都是愚蠢的，都是有罪的。

有錢人越來越愛炫耀財富了，因為這能給他們提供攀比的機會，沒有人會在乎浪費金錢，因為他們需要這種無比粗俗的展示機會。但是我們並不需要從這些人身上學些什麼，雖然這些人看起來很多，可在現實生活中他們只占很小的部分。

大部分的人都是愛跟相同生活層次，或者僅僅高一些層次的人相比，而攀比就意味著消耗，不是消耗精力，就是消耗金錢，或者兩者都有。攀比在人類生活中是有一定作用的，因為如果想法合理，它可能是一種動力，推動我們朝好的方向發展，但如果只是為了滿足炫耀的目的，那就會對社會造成傷害，可怕的後果可想而知。

那些過著入不敷出生活的人，除了欠債，一無所獲，並且他們絕對是不誠實的，也是極度愚蠢的。一旦養成了奢侈的習慣，你什麼也不會獲得，只是不斷地失去道德、失去尊嚴、失去存款，結果家庭破裂了，生意也失敗了，折騰一圈下來，一事無成。保持這種奢華的生活方式，既不能得到也不能維持我們想要給人留下的印象，所有的花費都是沒有回報的。

有句老話是這樣說的：「我們都知道表面看起來有錢的人，他們真實的財富並不是我們看到的樣子，外表光鮮亮麗，也許敗絮其中。」

第4章 規劃生活所需

除了乞丐，我們每一個人都必須花錢才能買來日常的必需品、舒適的生活和奢侈的享受，但是花錢的方法卻可以分為有條理計畫的和盲目而為的。前者可以被稱作是一種固定的支出，預先做好了計畫，並把經濟能力考慮在內了。

成功人士無論在生活上還是工作上，都給自己設定一個固定支出的範圍，他會留出夠花一年，或一段時間的錢，或者為達到某個目的而存錢。例如，他覺得他能負擔的生活費用是一年四千美元，他就不會讓自己的花費超過那個數目。如果他多存下了一些錢，或者有一筆額外的收入，他才會考慮買輛車，或者去歐洲旅遊，但他絕不會把這兩件事當作固定的支出。它們是額外的，只有在有了額外收入的時候才能去做，並不是日常花費的一部分。這樣，他才能為每一分錢找到適當的位置，量入為出，只在條件允許的情況下才能超支。

固定支出原則也被應用在他的事業往來當中，即使他想奢侈浪費一下，也不能從他的日常生活開銷中支出。

不管你的收入是一周十美元，還是一個月一萬美元，我們都應該設定一個固定支出的範圍，在此範圍內，無論花多少錢都可以，否則即使只超出一美元，也不能算做生活支出，或必要的支出，要對這種愚蠢的奢侈行為有罪惡感。然而，並不是所有超支的花費都會造成災難，只要能提前作出準備，並能擔當起責任就可以。財務出現問題並不是精心考慮過的行為，而是由於在支出方面不經思考，過於粗心了；過度依賴投機行為是財務出現問題的另一個原因，這種冒險的行為就好像是一種流行性的慢性病。

善於思考，認真做事的人可能會做錯事；但是不用心做事的人卻從沒做對過，尤其是在財務方面。

第5章 該存多少錢？

一個年輕的男人，一個單身的男人，一個將要結婚的男人，一個已婚的男人，一個任何年齡段的男人，或者一個女孩或女人，他們應該一周，一個月，一年，或任何一段時間該存多少錢，或留出多少錢來投資呢？

如果有一套儲蓄的標準，我想對任何人都是不合理的，也是不公平的，而且我也懷疑人們是否能做到。

那些千萬、億萬富翁們，他們可能年收入數百萬美元，即使把九十九%的收入都存下，他們也不會挨餓。但是一個養家糊口的男人，他的年收入可能只有幾百美元，即使他想讓他的家人只過最普通的生活，他的收入也所剩無幾，奢侈品更是從沒進過他的家門。

收入的不同，和生活花費的不同，使我們很難建立起一個儲蓄的標準。就像努力的人有成功的時候，也有失敗的時候，不努力的人命運也是一樣。

當我們以接近自然的方式生活，當我們滿足於任何物質的享受，並且憎恨極度的奢侈浪費，我們就能建立起一種普遍的標準，一種生活的標準，這樣既能保證基本的生活，也能有一定的存款。

我們目前半文明的生活狀態使人很容易把他收入的大部分存起來，但有些人卻很難存下錢，他不是不努力工作，而是他應該得到更多的收入。所以很難找到儲蓄的規律，或是應該儲蓄多少的標準。這種狀態會一直持續到人類進步到更高級的階段，能夠在心理上正確的把握和判斷正確的價值觀，做到按勞務分配，這樣勤勞的人就能容易存下更多的錢。

有一百塊錢的人，他會發現儲蓄就像花錢一樣容易，而有一塊錢的人，想留住他這一塊錢都要費盡周折。

現代社會對公正的看法基本上是有雜質的，對人品和慈善的評價也是應受到鄙視的，因為沒有什麼比在捐贈單上按捐贈數量的多少對姓名排序更糟糕的了。衡量一個人慷慨大方的程度，即使是在教會裡，也是看他捐贈了多少財產，而不是看他做出了多大的努力。

所以儲蓄的唯一標準是：我們每個人都有責任去儲蓄，只要我們不是犧牲很多個人的利益，我們就應該盡可能的儲蓄。

也許我可以說得更明白些。我們的責任就是在經濟允許的情況下多儲蓄，存的錢超出了他應該存的範圍就是吝嗇小氣，存的錢少於他應該存的範圍就是犯罪。真正的節儉要考慮到所有人的利益，要做到適當的儲蓄，既不多，也不少。既要防止過度節儉，也同樣要反對任何形式的過度浪費。

除非我們經歷過貧窮，或者非常接近貧窮了，否則我們不能充分地理解穩定收入所能帶來的持續購買力，即使是一小筆錢，也會非常有用，對有計劃的、持續性的儲蓄也是足夠的。

大部分的中產階級在他們的花費中有三分之一是浪費的，我不會為這種說法道歉。那就意味著大部分人只需要花費現在開銷的三分之二，就能獲得同樣的生活必需品，還有舒適和享受，這樣剩餘三分之一的錢就可以存起來。

不論我們多麼揮霍無度，不論我們多麼愛財如命，我們睡的還是那一張床，一次也只能穿一套衣服。我們的社會也不會要求我們多準備幾張空床，或者多準備幾套衣服。滿足生活所需也只有以下的幾個基本條件：

第一，有飯吃；

第二，有屋住；

第三，有衣穿；

第四，生病或殘疾有人照顧。

有了這些，我們的身體就不再需要其他的了。然而就目前的經濟形勢來看，我還要加上第五點，就是儲備應急之需和對未來的保障；此外，我們還要求有精神食糧，那就是超越人類身體的，能夠提供更好發展所需的機會，所以再加上第六點，那就是教育、發展和啟迪。

只要我們能把飲食限制在健康食品方面，有飯吃在生活中所占的花費比例實際上是相對較小的。一桌昂貴的菜肴，不但花費巨大，而且是以犧牲我們的消化系統和健康作為代價的。

有屋住也並不需要花掉我們太多的收入，除了在大城市有一些必要的豪華裝修。然而，所謂必要的豪華裝修，實際上也是可以避免的。

適合的、舒適的服裝是必需的，但並不需要拿出收入的一半花在穿衣打扮上。我們驚人地發現，有愛心、有素質的人大大地減少了在服裝方面的花費。富人在服裝方面的花費要比普通的中產階級少得多。中產階級每天辛苦的工作，只為追求流行的錯覺，總以為外表和揮霍就等同於社會地位。然而，我對這個觀點並不贊同，因為很多有錢人和他的家人都是十分愚蠢地揮霍無度，跟那些沒有錢卻裝富有的人一樣，也在意那種庸俗的炫耀。這種對追求外表的熱衷程度已經超出了理智的範圍，是世界上九十%的浪費和炫耀的根源，看看那些有錢人，他們本不需要去揮霍、去浪費的，也沉迷於炫耀，因為他們要表現得比他們實際上更有錢。

過度地在意著裝，或者過度地揮霍無度，對人的名聲都是有害無利的。因為這些愛穿著、愛炫耀的男人女人們都是些頭腦簡單的傻瓜，甚至，有時我覺得，比起譴責，他們更應該得到同情。他們就生活在奢靡、揮霍的環境中，雖然總是批評、譴責別人，但他們不知道那正是他們自己的行為。

過度追求裝扮在理論上並沒有錯，只是實在是太愚蠢。對他自己，或他所認識的人來說，既不能帶來聲望，也不能帶來真正的滿足感。如果說，有任何的好處，只能是想像力增加了。

比起在其他任何方面的過度浪費，追求服裝方面的奢侈品是最應該被指責的，因為這對誰無論在哪方面都沒有任何好處。沒有讓人原諒的理由，只能說，這是造成入不敷出的基本原因，是在拿未來做抵押。這些人常常因為購買服裝方面的奢侈品而欠下無法償還的債務，當債主無法忍受這種壓力而來催債時，平等和權利也就喪失了。

儲蓄對病人和殘疾人更是必需的了。疾病可能到晚年才會光臨，但事故可能會在任何時候發生。我們總是感覺將來就在我們身旁，但有時又感覺抓不到將來，因此，才更顯得現在的重要。將來就在現在的手中，現在不努力，將來又怎能過上幸福的生活呢？

我們可能會活到將來，可是如果看不到將來的需要，不能做到未雨綢繆，我們要拿什麼來保證在將來衣食無虞呢？

想要在將來過上好日子，除了現在就儲蓄之外，沒有別的辦法。如果我們能做而不這麼做，既是對自己犯罪，也是對他人犯罪。

過度的花費很可能是心理有問題。書呆子只知道看書，和抱著金子生活的人一樣愚蠢。有時候，人們為教育付出的代價已超出了它應有的價值；只是為了把大腦填滿知識，人們把身體累壞了，使大腦疲勞了。儘管動機是好的，然這也是屬於揮霍浪費的行為，就像把好東西放在倉庫裡，而不去看管使用它，一樣是錯的。

努力奮鬥讀完大學，付出的代價卻是累壞了身體，這真讓人惋惜。人最應該做到的就是保持身體健康，只有精力充沛，思想才能不受束縛。最不應該的就是滿腦子裝滿知識，身體卻虛弱得什麼都扛不動。

最好的教育就是能夠學以致用。如果接受了大學教育卻不能應用，不但是浪費了自己的時間和金錢，也浪費了別人的時間。

對一個人來說，首要的也是最重要的事情就是找到自己的位置。自己要知道什麼能做，什麼不能做，也要知道什麼需要，什麼不需要，這樣才能適當地調整支出比例。他可能花掉所有的收入，也可能留下部分收入存起來。

任何透支的生活方式對我們的聲望都沒有什麼好處，只能讓我們聲名狼籍。因為這個膚淺的社會，早晚都會給我們定位，會毫不留情地把我們歸類。

我們最重要的責任就是要照顧好自己，其次就是要為明天做準備。履行第二條並不意味著犧牲我們今天的幸福，因為不論明天有沒有飯吃，今天一定要吃飽。但是當一個人今天有足夠的生活必需品，而不為明天考慮，那可就是犯罪了。

先管好今天，再考慮明天。但是不要忘了我們首要的任務就是今天過好了，也要為明天做準備。

能儲蓄的時候不儲蓄就是不為明天做合理的犧牲。這就如同犯罪一樣，會受到自然規律的懲罰，同時也是對將來沒有常遠打算的表現。

對一個有家庭的人來說，能儲蓄的時候不儲蓄不但是搶奪了自己的財富，也剝奪了家人的財富，可以說，這是故意地、自願地、有目的地成為社會的威脅。就像是乞丐一樣，只想依靠別人生活，當大難臨頭時，卻走投無路。

大部分的已婚夫婦開始他們婚姻生活的時候，財產只有不多的衣服，然而他們卻經常陷入債務當中，他們讓自己生活在天堂裡，完全不為將來考慮，使自己處於一種失去安全感的狀態。

當然，這種沒有長遠打算的人並不愛他們的伴侶，因為真愛是謹慎的，是智慧的，是拒絕冒險的，是要為將來考慮的。他們把迷戀錯當成愛，不加考慮，過著有今天沒明天的生活。沒有什麼比短暫的感情更不合邏輯、更不經思考的了。

如果允許我制定法律的話，我將規定，結婚的雙方要存夠一年的生活費才可以步入禮堂。我知道我使那些情感豐富的人吃驚了，尤其是那些高談闊論愛情的人，可他們卻從沒體會過，也不能真正地理解愛情。

一個不願意存夠一年生活費的男人是沒有能力和人品的，他們還不配當丈夫和父親；他也不愛他的妻子，因為愛是保護，是從不盲目。感情可能不需要眼睛，或者可以是近視的，但對待愛情，我們卻要戴上眼鏡。

不願意為了保護一位未來的家庭成員而做出一些犧牲的人，是錯把激情和自私當愛情的人，否則他就是個傻子，傻子是沒有權利結婚的。

婚前儲蓄要比婚後容易些，因為那時的生活花費少些。結婚後，沒有節儉妻子的配合，男人是很難存下錢的。強迫一個已婚男人存錢並不是一個聰明的提議，因為儲蓄的習慣應該在他單身的時候就強制地養成。

不成熟的婚姻，發生在對未來沒有準備好的時候，是人生起起伏伏和家庭破敗的主要原因，經常會導致離婚，或對家人造成傷害。

我們每個人都應該建立一種自己的經濟秩序，這樣會強迫自己把收入和實際的花費差額存起來。例如，如果一對夫婦能一年用一千美元過著相對舒服的生活，而他們的收入是一年一千五百美元，這樣他們就應該存下五百美元。他們這樣繼續存錢，直至積累到一定程度，就能應付任何可能發生的情況，包括生意失敗和養老。

第6章 遠離奢侈的生活

無論任何形式、任何種類的奢侈行為，都不應有藉口、權力和理由。奢侈既不能給人帶來成就感，也不能推動社會的進步，只能給接觸到的人和事帶來傷害。

奢侈並不具有彌補的特質，它在本質上、在理論上都是錯的，除了帶來損害和風氣墮落以外，在人類生活中沒有任何正面作用。它對尋求短暫快樂的人沒有任何的回報，就像飲酒過量只能起反作用一樣，最終導致的都是災難性的後果。

吝嗇並不是奢侈的一部分，它倆沒有共同點。吝嗇本身就是一種犯罪，是不可饒恕的。儘管吝嗇很可恨，但它的錯比起奢侈，只能算小的。

吝嗇帶來的傷害只局限在自己和周圍的人身上，而奢侈是一種公眾的罪行，無法限定它的影響範圍，但不管怎樣總是給大眾帶來傷害。

節儉和吝嗇是大相徑庭的，和奢侈更是背道而馳的，就像白天的陽光和午夜的黑暗是完全相反的。

在生活中節儉是必須的，也是必要的。沒有節儉就沒有進步，任何的工作都不會取得成就。節儉就是社會的防腐劑，沒有它，一切都會變質的。

節儉和儲蓄是緊密地聯繫在一起的，因為沒有前者，後者根本就不可能實現。節儉是儲蓄的基礎，儲蓄是節儉的果實。節儉就會帶來適當的積累，不太多，也不太少。因為節儉既不同情守財奴，也不可憐浪費鬼。

在分析節儉和奢侈的同時，你就會發現成功和失敗的區別。社會的進步是建立在節儉，甚至是勤儉節約的基礎上的，因為節儉會對人的性格品質帶來影響。

積累並不是節儉。守財奴守的只是一個倉庫，他只知積累，不知分配。在財務和各個方面的節儉和積累，能夠避免和防止饑荒的出現。積累並不能使人獲益，目前的積累只是為了將來有個保障。力行節約是自我保護的一種需要，因為社會良性的發展，要有堅實的基礎。

無論是經商的，還是不經商的，是制定法律的專業人士，還是其他各行各業的從業者，只有會存錢像會花錢一樣，才能算是成功的商務人士。我這裡所指的並不是財富上的積累，而是指廣義上的理財。如果一個人不能賺錢和存錢，即使他是商務人士，也只是在某一方面成功。

許多專業人士都缺少積累財富的能力，錢對他們來說就是一個未知數，很難存到，卻很容易花掉。他不會存錢，也不願存錢；然而他卻可能是個成功人士，他可能缺乏在金融領域敏銳的嗅覺，但他的財務常識卻可能是突出的。他系統地、不斷地給自己儲備有用的知識，在不奢侈浪費的前提下，合理保持和運用理財的能力，使自己達到財務上的富足。如果他不這麼做，他將一無所獲。

若沒有基本的、系統的，和長久的儲蓄，理財的成功和事業的成就是根本不可能實現的。要有長遠的理財計畫，即使累積到了一定的財富，也只能偶爾奢侈一下。無論是在金錢方面還是在其他方面，奢侈行為都關係重大，尤其是持續地揮霍浪費，必然會招致失敗。

事實上，我們看到的百萬富翁和千萬富翁們都是無比庸俗的，都是揮霍無度的。他們對高雅和禮儀有著低俗的、扭曲的想法；他們的家像展示廳一樣，陳列著不值得擁有的東西；他們的車庫、馬棚和花園都是為了展示的，並不是為了滿足居住者舒適的需要。他們買的東西總是多花錢，膚淺的人會用羨慕的眼神看他們，而理智的人會為他們擔憂，可憐他們的錢用錯了地方。他們不比笨蛋、傻瓜、白癡強多少，不能做出人生的正確選擇，不能承擔起人生的責任，是一種故意的犯罪，會受到公眾審判的。

但是這些有錢人都曾經節儉過，因為如果他們不這麼做，就不可能積累出足夠的財富，也不能加入到富豪俱樂部了。雖然他們的智慧讓他們有機會變得更愚蠢，但起碼他們最初的做法是明智的。

然而，我們不要認為是最初的節儉導致了後來的奢侈。節儉的行為並不能成為奢侈的理由，因為結果的好壞，是由我們自己選擇的。生活中好的事情也可能會給自己或他人帶來傷害，包括經濟和健康。

專業人士們可能不用理財也能獲得成功，就算他們不太關注錢，也不太存錢，也能過得不錯。而商人們要是這樣做就註定要失敗，而且也將沒有機會東山再起，除非他們在處理生意和個人事務的時候不炫耀、不揮霍，並且能夠制定長期的，有條理的理財計畫。如果他沒有這方面的能力和意願，無論多小的成功，他都很難獲得。

我知道有時候讓一些人儲蓄是極其困難的，但是不奢侈浪費，只要願意，任何人都能做到。

一個收入很少，但卻要養活一大家子的人，能做到收支相抵已經很不錯，根本不可能再幹點什麼；但是，只要他想法正確，不論他幹什麼行業，做什麼工作，他都沒理由不努力存錢，儘管他到最後可能什麼都存不下。

有了存錢的決心，就要為存錢做出合理的犧牲，這樣才能得到最後的成功。我們努力不一定能成功，但是如果我們不努力，就永遠不會成功。存錢的理論和實際存錢的多少，都會帶來最後的成就感和安全感，也是事業有成的最大因素。

在找工作時，沒有什麼比存錢的能力更能打動老闆了。出於本能，老闆會很信任會存錢的員工，而對那些入不敷出的員工都會持懷疑態度。儘管老闆自己是個喜歡奢侈浪費的人，但他卻總是指責那些效仿他愚蠢行為的人。

走進任何一家商店或辦公室，你會發現，一邊是那些愛儲蓄、生活過得很好的人，另一邊是那些什麼都沒存下，卻又花錢大手大腳的人，很明顯，一邊是成功人士，另一邊是生活失敗的人。

每一個行業的頂尖人士，每一個百萬富翁，每一個傑出的商人，都會告訴你他們的財富是建立在儲蓄的基礎上的，他們的成功歸功於有效的理財計畫和遠離奢侈揮霍的行為。即使是一周只賺五美元，他們也要努力存下一小部分。努力去做一件事的意義僅次於實際去做這件事。

每個專業人士或科研人員都肯定地說，他們能獲得成就都要歸因於他們的自覺和努力，不僅要積累知識，還要儲存知識，並且在他們學習和工作時，沒有一個人是奢侈浪費的。他們在很多方面並不幸運，也不善於理財，但在他們的生活環境中，他們勤儉節約，不允許有任何形式的浪費。

如果每一個失敗的人都被要求站在被告席上宣誓，不用強迫，他們都會承認，不論是否有過度奢侈浪費的行為，缺少正確的理財方法都是造成他們失敗的主要原因。

讓我講一件我親身經歷的事。一個勤勞的男孩從十四歲開始存錢，他把能存的錢都存起來，同時沒有放棄生活的必需品和適當的享受。當他二十六歲的時候，他已經存了一千美元，還有一份薪水不錯的工作，養家糊口對他來說已經沒什麼問題。要不是有那些不可避免的花費，他能存更多的錢。他從沒奢侈浪費過，他很有抱負，想自己創業，但這卻需要更多的資金。他的一千美元在金融投資中顯然微不足道，因此，他不得不放棄這個想法，除非，他能借到錢，或者找到一個有錢的合夥人；但是他很快就明白，這個能給他提供足夠資金的合夥人卻不願分給他足夠的利潤。並非巧合，或者說他比較幸運，他找到了一個經驗少、卻資金多的合夥人。這個經驗少的有錢人想找一個有經驗的合夥人，就像很多年輕人想找一個有資金的合夥人一樣。這個只有一千美元的年輕人，向他的合夥人借了一大筆錢，開了公司，成為了有同樣資本的、平等的合夥人。

這個有一千美元的人並不是真正的欠債了，因為債務是共同承擔的。名義上是他借錢，但實際上債務並不全在他身上，因為借的錢都投到生意當中了，當然，他得付一定的利息，但那也是來自公司的利潤。我的朋友的確有能力，但這個交易能夠進行的主要原因還是他有那一千美元，沒有那筆錢，他可能還是一個公司職員，也許再幹幾年，也許要幹一輩子。這筆錢本身並不算多，但意義確實重大，即使他開銷大，積累少，但所存下來的積蓄正是他成功的關鍵。如果他沒有顯示出存錢的能力，如果他不願意為存錢做點犧牲，那他的經驗和能力就不會有用武之地了。現在他已經成了他居住的城市裡最成功的人了。

讓我再講一個故事，也是我通過觀察所知的。我的一個朋友是個相當有能力的人，頭腦冷靜，精力充沛，收入頗豐。他和他的妻子經常出入最昂貴的飯店，他從不儲蓄，總是揮霍浪費，只要他的收入允許他擁有想要的東西，他就去買。當他六十歲的時候，他發現自己既沒錢，也沒地位。他成了朋友的負擔，沒有積蓄，只能在人生的海洋上飄蕩。

在他四十年的工作生涯中，當他的收入比普通人高的時候，他不為將來打算，以任何的常識來判斷，他都是奢侈浪費的。在他六十歲的時候，他已經身無分文了，而且不論是體力勞動，還是腦力勞動，他都不能勝任了。

公司財務總監的職位是空缺的，但董事們沒有派他去做，反而將他解雇了。論經驗和能力，他能勝任這個職位，他人緣也很好，而且誠實可靠，工作中也沒有不良記錄。他的一個朋友在董事會上提名他去做這個工作，這是一個年薪兩萬美元的職位，但董事長是這樣評價他的：

「我很欣賞布萊克先生，他是一個好人，並忠於我們的公司，他能力超群，能勝任任何職位；但是我不願也不能信任他管理公司的財務，他自己都不知道怎麼管理自己的財務，他從不存錢，而且還體驗過每一種奢侈的行為。」

董事長的話分量很重，成了他的負擔，一直把他拽到谷底。他倒下去了，就像那些他曾經見過的倒下去的人一樣。而他的能力、經驗、忠誠和善良，都與他的經濟失敗一起沉入了谷底，除非有錢支持著這些品質，因為錢是事業的一部分，那些能守住錢的人，才能守住事業。

再舉一個例子：一個年輕人由於自己的過錯丟失了工作。他曾經一年賺兩千美元，對他的年齡和經驗來說，這是很不錯的收入。由於他平時過於奢侈揮霍，沒有存下什麼錢，所以他必須馬上找工作，否則就得挨餓。好的職位很難找，所以常常要等很長時間才能找到一份適合自己的工作，但這個年輕人等不了，他不得不接受職位較低的工作，從底層開始從頭再來。五年之後，跟他五年前的狀況是一樣的。如果他不那麼揮霍浪費，如果他能存一點錢，他就能等待更好的機會，就不會失去他的經濟地位了。

一個習慣揮霍浪費的人，當他失去了工作，而又沒有積蓄的時候，是處於嚴重的劣勢的。他必須馬上工作，所以通常接受他能找到的任何工作；他無法保證經濟上的地位，也不能等待合適的機會，他的弱點就暴露出來了。全世界都知道他失業了，並且由於他不得不接受職位較低的工作，因此人們就會以為是他自己的過錯才丟了原來的工作，因為他沒有什麼能夠支撐自己，只能降職，結果錯失了成功的機會。

我想我可以很坦白地說，成功主要歸因於自願的犧牲，遠離任何形式的奢侈行為，系統性的儲蓄，獲得和儲備知識，還有正直和誠實的品質。

年輕人，或任何年齡段的人，不要設想擁有汽車或遊艇會給你帶來任何的推動作用，他們再堅固，也不會讓你經受得起任何的波瀾。社會的價值是用更堅固的東西建成的，而不是靠花錢買來的。腦子裡不要想因為有了汽車或遊艇，你在銀行、商店和市場的信譽就會升高，結果往往是不升反降。

擁有遊艇的人，六十%都負擔不起。為了能瀟灑地開著遊艇，他們當中一半的人不得不貸款買房，或者做出其他的犧牲；而那些買汽車的人，很大一部分人的名字會出現在房產抵押登記簿上。

購買任何負擔不起的商品，如汽車或遊艇，除了增加了奢侈浪費的名聲外，既不會給買者帶來財務方面的信譽，也不會帶來好的聲譽。如果他負擔不起，但卻很享受，我要說好自為之吧；如果他能高高興興地開著他的遊艇，但同時要貸款買房，還沒有錢買人壽保險，少了一份對自己和家庭的保護，我也還要說好自為之吧。他是一個不良的公民，不夠資格當丈夫和父親，不值得信任，不值得依靠，更不值得尊敬。

奢侈所帶來的快樂是不會長久的，覺醒的那一天像黎明前的黑暗和暴風雨到來時一樣。結果只有一個，就是經濟陷入困境，也許還會造成前途盡毀、聲名狼籍和妻離子散。每一種奢侈的行為都是要付出代價的（負擔不起的就算奢侈），如果可以不用錢來償還，那結算的日子早晚也會到來，通常比較早，這樣才顯得高利貸的利息看起來比較少。

我並不是讓大家放棄享受生活而只忙於事業，整天生活在沒有窗戶的實驗室裡，不知道抬頭看看藍天，低頭看看綠草，因為每個人都有休息和享受的權利。點亮一盞燈，或者去曬曬太陽，這些對我們的精神建設都是有益的，但是那些不願意放棄奢侈揮霍的人們，永遠實現不了他們遠大的理想，也許他們都沒有理想。

每一種成就都是在痛苦中獲得的，沒有不勞而獲的東西；沒有犧牲，就沒有收穫。那些社會上層的人都是曾經在底層工作最辛苦的人。只有劍舞得最好的人，才能成功地扛起槍。

節儉就象徵著成功，雖然大部分節儉的人生活水準只是中等，但奢侈就必然會導致最終的失敗。

只有節儉，我們才可能成功；奢侈浪費必然會導致失敗。

第7章 小奢侈也會造成大災難

每一美分都值一美分，每一美元都值一百美分。管好小錢，大錢自然會來。

世界上一般的浪費都是不到一美元的。許多人一次浪費一點，時間長了，損失的就多了。小小地奢侈一下，不在意地亂花點錢，造成的損失都可能會很大。

那些不記帳的人，對花出去的每一分錢毫不在意。就像不在意水管漏水一樣，但時間一長，漏出的水就會像洪水一樣爆發，給他帶來巨大的災難。

一美分的硬幣，五美分的硬幣，十美分的硬幣，本身面值小，但集腋成裘的結果也是很可觀的。

很多浪費的人都很注意數目比較大的花費，從不大筆大筆地瞎花錢，但對幾美分、幾美元的花費不加節制，這就是他們不明白為什麼他們總是缺錢，為什麼他們的事業不能成功的原因。

認真研究成功人士的生活就會發現，大部分人在小事情上都很節儉，花每一分錢都要仔細衡量。就是意識到了每一分錢的價值，小額的儲蓄才能積累成大筆的財富；但是這方面如果做得過度，可能會導致在金錢上的吝嗇。

這種人可能願意花五千美元買輛車，也不願多花五美分去理髮。儘管小錢的節省可能會導致自我封閉和吝嗇小氣，但是，沒有小錢的積累，成功是不可能的，能力也不會有機會發揮。

守財奴和儲蓄的人之間還是有很大的不同，前者是為了存錢而存錢，後者是有規律的儲蓄，是為了將來有保障。

認真存錢的人很可能變得吝嗇小氣，但這也比變得奢侈揮霍強，因為小氣的人很少是大眾攻擊的對象，即使他什麼貢獻都沒有，他至少能獨善其身。

為生活我們不得不努力，可周圍精彩的世界給我們提供太多浪費的機會，誘惑無處不在，我們必須提起精神嚴加防範。小的浪費成千上萬，每一次都不多，但日積月累，帶來的災難可是巨大的。

舉個喝汽水和啤酒的例子。有一個很小的村莊，但卻有很多賣飲料的亭子，這就是很多人養成花錢不仔細的習慣的現象。

首先，喝飲料是危險的，很多飲料既不解渴，也不健康。雖然飲料並沒有什麼害處，但他們過於甜了，還可能是有雜質的，而且它們不但不解渴，還使人想再喝一瓶。據我所知，沒有一種飲料有醫學的和藥用的價值，它們的價值也只體現在廣告當中。白水很容易獲得，卻很少有人願意喝它。水是大自然獨有的，也是最好的解渴飲品，而且通常是免費的。

在夏天，很多年輕人平均每天花二十美分買飲料。事實上，那些喜歡喝汽水、沙士、提神飲料的人，是那些沒有錢的人，而大部分富裕的人並不經常光顧飲料亭。如果你不相信，就到飲料亭旁，看看那些喝汽水的人。你會發現，大部分人都是些收入低微的人，不是公司職員就是商店的售貨員，可有另一些人，五美分對他們來說都是一筆錢。

請記住我說的都是些普通人，不排除有例外。相較而言，我們當中很少有人能控制住不喝飲料，但那些比我們有錢的人卻很少喝飲料。

下次你去專門的擦鞋店擦鞋，並注意觀察其他去擦鞋店的人的穿著和經濟狀況。事實上，很大一部分人都穿得很破舊，他們穿的鞋更是不值得一擦。是的，很多有錢人有時不得不去擦鞋店，因為他們沒有隨身帶著鞋油和鞋刷；但我這裡所指的是那些經常光顧的人，他們每天不擦鞋就出門，然後在就近的一家擦鞋店擦鞋，一周七天他們都是這樣做，花三十五美分擦鞋，而一盒最好的鞋油只需要十美分，一盒鞋油能擦五十次，自己擦鞋五十次，只花十美分，擦鞋店擦鞋五十次要花二美元五十美分，而且，自己擦鞋只需要花在擦鞋店擦鞋一半的時間，而時間也是金錢呀！

再舉一個刮臉的例子。刮一次臉要花十～二十美分，而自己刮一次臉卻花不到一美分，而且自己刮臉所花的時間只是理髮師花的時間的一半。

請自己算一下：一次一美分，一周才七美分；還是，一次十五美分，一周一美元五美分。相較而言，那些有地位、有聲望、有智慧的人，除了理髮，很少光顧理髮店，他們當中大部分的人都自己刮臉，並且很多能負擔得起經常光顧理髮店的人都選擇自己刮臉，因為這樣可以節省一些錢，並且乾淨衛生。很少有人不能自己刮臉的，即使他們認為自己不能，我也懷疑，是否有人真的不會用刮鬍刀。

服裝可以說是大大小小的奢侈浪費行為的主要原因，尤其對那些收入少的人來說，據說，一般老闆花在服裝上的錢要比他的員工少。

除了暴發戶和勢利小人以外，大部分的有錢人在服裝方面比起那些收入少的人都更節儉。收入少的人總以為要靠他們穿的衣服才能受到關注，而事實上，他們受到關注的卻是他們不應該穿的衣服。

我在另外一章裡討論過服裝的問題，但我還要說，普通人只需要一些簡單大方、舒適得體的衣服，而他花在買衣服上的錢卻是他真正需要的兩倍。這種浪費的部分原因是花在了所謂的修飾和搭配上，而這對提高穿衣者的外表毫無用處。

開車也是另外一種小浪費的習慣。很多人寧願開車，不願把錢省下來，也不願鍛鍊身體。一件雨衣，一雙防水鞋或雨靴，一把雨傘或一頂防雨帽，既讓我們省了錢，也給我們帶來了健康。除非你身體不能走動，如果能走，就儘量走，為健康而走，為省錢而走。

我不是要求大家過著隱居的生活，我還是支持娛樂的。歌劇院是一個有教育意義的場所，但是愛看歌劇的習慣也會導致一定程度的浪費。看歌劇除了買票要花錢外，還有附加的花費。看完歌劇，你還會想去吃霜淇淋、吃晚飯，甚至你還會想要為它買件衣服。

在每一個大城市，都有證券公司的娛樂室，在那裡，每兩天就演一部精彩的歌劇，並且票價很低。許多學戲劇專業的學生認為，比起那些聘請明星演出的歌劇，這種歌劇更有教育意義。明星們拿了大部分的錢，卻不能恰當地表現出編劇的意圖；在一家高檔的歌劇院，一個好的座位的票價夠買四張證券公司娛樂室的票。我不是要求你永遠不要看優秀演員演出的歌劇，我只是建議你看一半是明星演出的歌劇就夠了。花在看歌劇上的錢不是完全必要的，不要因為看歌劇而耽誤了買真正需要的東西。

外出用餐的習慣也要慢慢改掉，因為在這花的錢比它真實的價值多出太多了，昂貴的晚餐不但沒有營養，而且是揮霍浪費的開始，它會慢慢使人嘗試各種奢侈行為。不要再自欺欺人了，出現在一家時尚的咖啡館並不能使你進入社交圈子，而且情況正好相反。為你服務的人不會尊重你，因為他知道你不是真正吃得起；你的愚蠢行為，只能讓人把你當傻瓜。甲魚湯和甲魚，香檳和雞尾酒，並不能為你打開進入上流社會的大門，炫耀的晚餐只會讓你丟面子。

我並不反對去物美價廉的飯店偶爾吃頓晚飯，畢竟我們的胃和心情偶爾都需要一點調劑。但是當昂貴的晚飯不但影響了你的健康，還影響了你的錢包時，我們為什麼還要這樣做呢？

抽菸已經變得相當普遍，甚至一些高尚人士也抽菸，因此這個話題很難探討。九十％習慣抽菸的人，如果讓他們發誓，都會說他們希望永遠沒有開始過這個習慣。抽菸的人分為兩種，一種是很捨得花錢買菸，而另一種卻是不願在香菸上花太多錢的人。

抽菸是否應受到譴責，是見仁見智的問題，但買高價的菸，和抽菸過量是一定要受到譴責的。世界上一百萬人裡也沒有一個人能分辨出好的雪茄和貴的雪茄的區別，人們買雪茄是看它的價錢，而不是看個人的品味。如果一支雪茄零售賣十美分以上，就不要買了，因為這個價位以上的雪茄只是徒有其名。

如果你一定要抽菸，就用煙斗。一支好煙斗的價錢不是很貴，並且一級的菸草也不是很貴，而且用煙斗你就不會抽那麼多的菸。最健康的煙斗是一種帶過濾嘴的，像老式的玉米穗做成的煙斗，也就花五美分左右，用幾天就可以扔了。

相當多的專業人士和腦力勞動者都抽菸，而且比起雪茄，他們都更喜歡煙斗，因為抽煙斗能避免拿菸招呼別人，敬菸是造成開銷增加的部分原因。

如果你想讓我就抽菸這件事提點建議，我會說，還是不要抽了；如果你非要抽菸不可，那麼就培養用煙斗的習慣，除非你經濟上允許你抽好的雪茄，且不會覺得貴。

嚼口香糖也是另外一種小小的奢侈行為，這是毫無疑問的，它對消化和健康都沒有任何益處，我相信著名的醫生是不會推薦它的。它可能不會帶來任何害處，但它是一種花費很多的習慣，並且還不受他人喜歡，只會使嚼它的人降低身份。

經常吃糖果不但對身體不好，也是一種沒有理由的奢侈行為。適當地吃些糖並不會影響消化，而且還能帶來滿足感，因此我不會反對，但經常吃糖會對身體造成傷害，而且是一種沒有理由的消費。

想要炫耀的想法，是對財務最大的威脅。它不會帶來任何成就，只會讓炫耀的人看起來很愚蠢。這一點無論是對富翁，對商人，對家庭主婦，對售貨員來說，都是一樣的，它只會讓人變得粗俗和愚蠢，讓人鄙視。炫耀是造成奢侈浪費的根源，卻不會給人帶來社會地位，這些愛炫耀的人，身上戴著真的或假的鑽石，根本不尊重別人。想戴珠寶首飾的欲望，尤其是那些昂貴的珠寶首飾，在文明的社會裡是不會有的。

我知道我踩到了地雷，因為很多人都說他們愛珠寶是出於愛藝術，對藝術欣賞的感覺是真實的，而我這裡所說的影響，是購買珠寶首飾會使中等收入的人在生活上受到影響；另外，鑽石和其他昂貴飾品是好的投資標的的想法也是錯誤的。

對貴重的珠寶首飾的追求使很多女人陷入貧窮，而且得到的效果與她們的想像正好相反。很多漂亮的手正是因為戴了太多的戒指，變得不讓人喜愛了；還有很多公司職員，自己很窮，卻要買一只對他來說非常昂貴的手錶；還有很多年輕人，自己都沒有像樣的內衣，卻存了很多錢，買了一個一百美元的戒指，送給一個愛慕虛榮的女孩。

這裡我還要提提新娘的嫁妝，通常要比新娘父母能承受的多三倍。這個習俗本身也是錯的，它使新婚妻子從一開始就步入了奢侈的生活。

那些在本地出門都捨不得坐車的人，昂貴的蜜月旅行是他們根本負擔不起的，只能給他們的生活留下痛苦的記憶。

在結束這一章的時候，我不想給讀者留下一種印象——我要剝奪他們生活中的許多樂趣。生活中還是有很多不需要花太多錢的東西，它們會掃去我們生活中的陰霾，使我們這些普通人過上快樂的生活。我只是試圖想警告他們，不要花錢消費那些他們負擔不起的東西；我還要讓他們明白，真正的經濟實力和真正的幸福生活，不是來自花錢時硬幣的響聲。

第8章 過分的裝扮就會導致貧窮

在上一章中，我曾講過服裝的問題，單獨拿出來探討是更明智的，因為奢華的服裝很容易使人最後經濟失敗。

我不是要求所有的男人都穿卡其布的衣服，也不是要求所有的女人都只穿棉麻布的衣服，但是我必須承認，衣服穿得普通、隨便些，我們就會感覺更快樂，更健康。

裝飾身體的行為開始於史前的野蠻時期，在原始人開始有思考能力的時候，他們做的第一件事就是用彩繪和布來遮蓋他們的身體。這種行為在人類的各個發展階段一直進行，直到唯利是圖的君主和商人意識到了商機，看到了服裝業巨大的賺錢機會，並且還有大批人對時尚的熱衷。

現在世界上大部分的加工和零售業都是生產和銷售服裝的，報紙上一般的廣告和雜誌上四分之一的廣告都是關於男人和女人的服裝，而這些服裝只是用來裝扮和

炫耀，並不能給人們帶來舒適，因此也不是必需的。

在最近一次的世界博覽會上，官方已覺得十分必要實行對時裝展的監管，這種監督和保護對其他的展覽可是不必要的。

在展示內衣和舒適的衣服的櫥窗前，你很難發現圍觀的人群，但是在一些時裝款式的帽子和大衣的櫥窗前，你就能看見駐足圍觀的人群，而這些衣帽的作用只是裝扮男人和女人，尤其是後者。我想說，這種瘋狂追求外表美的欲望，和比別人穿得好的想法，導致了一半以上的奢侈浪費行為，造成了成千上萬人最後的失敗。

服裝的標準，已不再是是否合身得體了，而變成了一種財富的炫耀，它和舒適美觀已經沒有多大關係了。和別人穿得一樣好，或比別人穿得更好，已經成為一種野心了。這就必然會導致失敗，使人不得不加班延時地工作賺錢，然後再把賺來的錢浪費在購置過多的衣服上。還有，我們對外表的裝飾也變得不倫不類了，無論是我們的身體還是我們的房子，這些奢侈浪費的行為就像犯罪一樣不能原諒，是我們人生失敗的部分原因。

首先，這是一種愚蠢的行為，因為它不能給我們帶來任何成就。過度打扮的人得不到同伴的尊重，那些穿奢侈品的人，他們的收入都不夠花，不管他們買衣服是付現金還是分期付款，不管他們能不能付得起帳單，不管他們能不能買得起他們的衣服，人們還是能分辨他們的價值。如果他們過度裝扮，或穿的衣服價格超出了他們的經濟能力，別人就會用鄙視的眼光看待他們。儘管有些人和他們一樣，做著同樣愚蠢的事。

事實上，越優秀的人和越有錢的人，通常都穿得很樸素。有些富豪們在著裝打扮方面很沒有品味，只是粗俗地炫耀他們的財富，結果使得他們自己也變得庸俗不堪。高尚的、聰明的和富有的人，並不喜歡粗俗的奢侈炫耀行為；收入普通，卻穿著昂貴的衣服，只能使人變得庸俗，且使穿著這些昂貴衣服的人顯得沒有個性，也不誠實可靠。今天的過分裝扮就會導致明天的貧窮，除非你的收入很高，否則不要去買奢華的衣服。這樣對你自己，對你家人，對你的事業和你的未來才是公平的。

如果你懂得存錢，懂得保障自己的未來，你才能得到那些人格高尚者的尊重。按你的收入來選衣服，穿著適度，不昂貴，並且記住一點，看起來漂亮的衣服並不需要花很多錢。

任何想穿昂貴衣服的嘗試，或想把自己當成衣服架子來展示時尚，效果都會截然相反，無論從任何角度來看，都不會有回報。

第9章 聽專家的意見

在紛亂的日常生活中，也許沒有什麼比尋求建議和接受建議更花費時間，尤其對那些未來的投資商和手裡有些閒錢準備投資的人更是如此。

不勞而獲的東西實際上是分文不值的，免費的建議就屬於不勞而獲，因此也毫無用處。事實上，一些流行的觀點和對建議的高估往往都是偏離事實的。建議是一門很大的生意，是一種社會商品。

但是不能因為有壞的建議在傳播，就把所有的建議都混為一談，這可是愚蠢的。這就好像因為一個麵包變酸了，就反對吃所有的麵包一樣。

只有傻瓜才全靠自己解決問題，聰明的、成功的人從來沒有自己解決問題的時候，不論這個問題是否是關於投資的。他的成功要歸因於他的綜合素質，他有能力把自己的知識和別人的知識結合起來，他一直保留自己的那一票，直到諮詢了其他人的想法，他才做出決定。

我們都明白，任何不平凡的成功都要歸因於人的綜合素質，他既能掌握別人的知識，還要會利用別人的知識。

不要誤解我，我並不是說成功人士不自己思考，他們是善於思考的，他們的思考與採取的行動和財富的多少是成正比的。無論從策略、利己、還是安全的角度來看，我們都應該尋求並聽從建議。至少，每一步的成功都與別人的智慧密不可分。

在這個高速發展的時代，各行各業都變得專業化，都由專業人士來管理，使得全面型的人才找不到工作。只要這種情況繼續，我們就要比以前做出更大程度的改變，要有自己專攻的方向，必須要在某一個領域比別人強，同時也要意識到，在其他的方面，每個人都有自己擅長的地方。

不可能有人從不犯錯，錯誤是不可避免的。因此，比起一百位大學校長的建議，一位誠實的、慎重的、成功的銀行家的忠告，對投資者來說更加珍貴。

律師原來是心地善良的，牧師也是，但是一旦他們瞭解了行業的規則，他們就會覺得為什麼他們是貧窮的，這是財富的不合理分配。

我只是在說普遍的情況，因為很多專業人士都是理財高手，但是專業人士的能力並不能讓他脫離理論去操作。經驗和能力一樣重要，不在商業領域的人士，不論他們多有能力，都不能管理好生意。

不管是小額投資者，還是大的投資者，沒有不在投資之前徵求理財專業人士的建議的。例如，讓我們假設，一個年輕人一個月能省下二十五美元。別看這錢少，比起有錢人的二十五美元，這錢對他還是很有意義的。他的任務就應該是以最小的風險，獲得最大的、最安全的回報。他承受不起投機，儘管他渴望得到高利率的回報，但他還是不應該為此而冒險。他聽說了一個關於企業股票的機會，即使相關的事情他可能很熟悉，他自己也認識掌管此事的官員，投資前，他還是要對股票的背景做詳細的調查，如果得不到別人的支持，絕不能一意孤行。

對他來說，最容易也最有效的辦法就是諮詢那些處事慎重、又有能力的人，他們會客觀地告訴你這支股票是否值得買。他不應該只聽信一個人的建議，不管這個人多麼可靠。我們都是存有偏見的，許多人可能認為自己很公平，可在大家看來，他是最不公平的。

環境不同，就決定我們有時幼稚，有時成熟。如果我們自己，或者任何一個人使我們的人生道路設下危險，我們都不能安全地前行了。航海圖不是靠一個人的力量完成的，發動機也不是一個人製造出來的。純粹個人的原創性是不存在的，成功就是在我們的知識上加上一點，在別人的知識上加上幾點。安全是存在於共同合作的情況下產生的。

我們不懂投資的事宜，如果有年輕人來拜訪詢問，並且是值得投資的標的，毫無疑問，我們也要把他們推薦給別人。如果這個年輕人找不到兩個可靠的、慎重的人，不能給他提供任何的建議，為了安全，還是不要投資這個標的。

我想，我們應該建立一個不變的原則，而且沒有任何例外的情況，無論是股票，還是任何證券，除非有兩位以上誠實、慎重、瞭解投資的專業人士推薦，否則都應視為不安全。出於安全起見，只要有兩三位優秀的專業人士否定某個投資，我就建議那些小額投資者們遠離它，即使有十幾位專業人士推薦它。

收入少的人在投資方面就要更加小心，而且，我還要強調一句，收入少的投資者不要相信那些對出售股票感興趣的人所說的話，除非這些言論是合理的，是不容置疑的，是連沒有關係的人都支持的。

投資的狀況有三種：危險的，相對安全的，從商業角度來講絕對安全的。當然，什麼都不是絕對的，但我不會換別的詞，因為對那些收入少的、掙工資的投資者來說，只能選最後一種，並且這種投資是受到慎重的、有能力的專業人士和金融家支持的，那些不可預知的價值通常都是沒有多少價值。好的東西是很難被掩藏的，好的投資也是一樣，它的光芒總會照亮世界。

對投資能給出最好的建議的人是金融業的總裁和高官，他們不是投機者，他們的觀點是來自他們的慎重和小心，他們只對乾淨安全的證券感興趣，並且不會存有偏見。但是我也不會建議那些小額投資者暗中相信其中的某一位，因為那個人可能由於個人的利益，或者有其他的動機而抱有偏見，並且沒有一個人是絕對可靠的。所以，最好要多聽幾個人的建議，如果大家都贊成做這項投資，投資人就會覺得有安全感；如果人們不贊成，投資人最好就應該考慮別的投資。

建議，如果是正確的，就是重要的，而且對結果會是至關重要。拒絕諮詢和拒絕接受建議，只說明這個人愚不可及，缺乏責任感。小額投資者九十％的失敗都是可以避免的，如果他們能夠獲得好的建議，並且聽從這些建議。

我們所有的錯誤和失敗都不是由於個人的無能或無知，而是由於英雄主義的衝動，讓我們想做什麼就做什麼，就像我們把眼睛蒙上、把耳朵堵住跳進了游泳池一樣。什麼都懂的人，什麼都不懂；知道自己懂得少的人，才懂得多。個人的力量是渺小的，集合起來的力量才是強大的。

第10章 該不該把錢借給朋友？

我不想用顯微鏡分析人類善良中所帶的雜質，我們本就應該彼此幫助，幫助他人就是在幫助我們自己。互助是成功的關鍵因素，沒有它我們什麼也做不到，因此請放棄自私的想法，貪婪不應該存在於人類社會中。

很多事情，我們都很難獨自擔當，經常會累壞我們的身體和大腦。完美和絕對在這個世界上是不存在的，只要我們想做些事情，我們就要心甘情願地承擔一些風險，否則，我們就會原地不動，停滯不前。

許多人一生當中的第一桶金都是來自朋友的幫助，朋友借錢給他，或者在事業的關鍵時刻幫助了他，使他成功地度過了難關。

沒有一個有良心的人和有道德感的人會指責借錢給朋友這件事，或者在幫助朋友的時候設定些苛刻的條件。一旦建立起這樣的規定，就會使我們的生活沒有愛，使我們的人格比動物還低，即使是野獸也是有善心的。因此，無論在哪，都要有一個正確的評判標準。慷慨大方總比吝嗇小氣好，但是無論對自己，還是他人，都要公平對待，永遠要記住，真正的慷慨是考慮到接受者的同時，也考慮到給予者。

但是胡亂地把錢借給一位經濟困難的朋友是冒險的，是不公平的，也是不大方的，是對接受者和給予者都有害的。不要因為這不是一項經濟投資，就不予以重視，這是一種供給，是一種善行，當然要看情況是否允許，再決定借還是不借。在做決定的時候，不要讓你的慷慨影響了你的判斷，也不要讓你的判斷使你變得自私，影響了你慷慨的善行。

當你的朋友向你借一百美元的時候，首先，你必須考慮，你是否有這個錢能借給他，對你自己和你的家庭來說，冒這個險公平不公平；如果你發現，你沒有能力借錢給他，就不要借。其次，借錢的安全性要看借錢人的意圖是否是好的。如果，你有能力借這筆錢，或者說，即使把錢借給他，你也能負擔得起，那就要看看借錢人的人品了。如果他的人品好，我們就要盡一切所能幫助他；如果他的人品不好，即使你能承擔得了損失，也不要借錢給他；如果他的人品不錯，那另一個問題，就是在幫助他的同時，你做出了多大的犧牲？有時候，這種犧牲是會有回報的，而另一些時候，任何的犧牲都是無謂的。

不容置疑的是，很多經濟上有困難的人，是不值得同情的。他們現在所處的悲慘狀況，是由於他們不願意存錢和不願意做出犧牲而自食苦果。通常，這些人都是沒有很好的判斷力，也沒有很強的承受力，他們寧願借錢，也不願努力去掙錢。他們寧願去做一些等同於偷錢的事，也不願意存錢；他們寧願十分費勁地去借一美元，也不願意努力工作去賺兩美元。他們的心裡只想著朋友們應該幫他分擔風險，只有在方便的情況下，他們才會付帳單，他們才不會主動去履行自己的責任，這樣的人是不值得幫助的，只有心態不正常的人才會堅持什麼人都要幫。除非是沒有外部的幫助，無辜的家人得忍受貧窮，否則，這樣的人我們絕對不能幫。有時去幫助那些揮霍浪費的人也是正當的，因為，如果不這樣，他的家人就得不到任何的幫助。所以，這種幫助，是對整個家庭而言的，而不是某一位家庭成員。

還有一類需要借錢的人，自己並沒有犯錯，但卻處於絕望的困境。他是那麼的誠實，是值得同情的。他是勤勞的，而且不愛揮霍的，如果可能，他也願意存錢。他總是想方設法把借的錢還了，並且願意為此做出些犧牲。這樣的人是值得幫助的，並且只要不是做了過分的犧牲，幫助他是正確的，甚至有時為朋友做出一些特殊的犧牲，也是值得嘉許的。這才是仁慈的表現，我們為朋友做出的犧牲也是應該的，除非這種善舉會使助人的人自己陷入無法承受的困境，否則，不願意這麼做的人，是懦弱的、吝嗇的，和可憐的。

另一類的借錢者，借錢是為了做生意，並不是經濟有困難，而是想擴大他的生意。但是那些收入少的人不要把它當作一次投資的機會，儘管他們可能會給出很高的利息。如果這些人誠實可靠，他們會向銀行借錢，或者向職業的放款人借錢，或者把公司或債券做抵押，這對那些冒得起投機風險的人來說是可以接受的。

我們把錢借給別人的時候，要考慮到自己，也要考慮到借錢的人。一個有責任感、有家庭的人，把錢借給一個不思進取的人，不但是錯誤的，也是不公平的，除非他有這個責任，或者這麼做可以使他幫助到那些無辜的、需要依靠的人，再或者，他能百分之百地確定，他能拿回那筆錢。

大部分不考慮明天的人，把眼前的麵包和餡餅都吃了，卻希望留著餡餅沒有吃的人能分給他一半。

所以，小額投資者或收入中等的人，永遠不要把錢當投資借給別人。如果他想幫助他人，他也要把自己的需要和他人的需要放在一起比一比。如果他的朋友值得幫助，如果朋友的家人需要幫助，毫無疑問地，他應該把錢借出去，只要他有這個能力，或者能承擔得起這個損失。

借錢並不總是經濟的問題，也是對友情的考驗。不應該不加思考，或一時衝動就借錢給他人，借方和貸方要好好地討論這個問題，雙方都要對彼此坦白，只有在借方應得和貸方負擔得起雙重條件符合的情況下，我們才能給予幫助。

第11章 遠離投機

投機者就是一個經濟上的賭徒，雖然投機本身並不一定是欺詐行為。然而，機會總是伴隨著投機，但卻絕不是只局限於投機者。冒險是成功的一部分，且存在於所有的商業行為當中。

世界上沒有什麼是確定的，無論是在商業領域，還是在別的領域都一樣，想要取得成就的人就必然會冒一點風險。

有正確的投機行為，也有錯誤的投機行為，區別在於程度的不同。當然，我們很難劃出一個明確的界限，去區分什麼是絕對的正確，什麼是絕對的錯誤。

從商業角度來說，投機者不是一個做正規生意的人。他不是先進貨，再出售獲利，他主要是靠機會，靠冒險。大體上來講，只要售出的價格比購買的價格高，他就成功了。在這種交易中，偶然成功的機會要比平均成功的機會大。無論是賠錢的機會，還是獲利的機會，都要比平時買賣普通商品時大得多。

另外從道德的角度來看，無論投機是對還是錯，收入少的人都沒有經濟上的能力去冒這個風險，那樣就會使他陷入到比平時更加危險的處境，這對他自己和家人都是不公平的，並且必然會導致他在經濟上的失敗。

投機是對那些把它當生意做的人準備的，無論輸贏，他們都願意玩這個遊戲。經濟上他們能承擔得起失敗，並把它看作投機所帶來的自然的、不可避免的結果。雖然年終的資產平衡表會顯示出一些獲利，但總的來講，完全失敗的可能性是存在的。這些人為了工作不斷訓練自己，他們在冒險中尋求商機；有些人會成功，有些人最終會失敗。即使他們最後都成功了，也不能保證其他人冒險做投機生意也會成功。

儘管受過訓練的投機商可能會贏，但是那些並不完全懂得投機的人，那些沒有做好準備的人卻一定會輸。還要我多說什麼嗎？喜歡投機可能就像喜歡奢侈一樣，是造成失敗九十％的原因。

所以，遠離投機吧。最大的風險要避免，甚至最小的風險也要避免，除非你在工作中受過訓練，面對災難能像面對成功一樣冷靜。並且，時刻要記得，如果你是一個已婚的男人，你即使願意冒險，做投機生意，也不能付諸行動，否則會把你的家庭帶入痛苦的深淵。

不論你是否有權傷害你自己，你都沒有權利讓無辜的人和你一起受苦。對自己公平是不夠的，你還要考慮對那些依賴你的人也要公平。

你對未來不確定是正常的，但是你可以用理智來判斷未來。任何事情只要不合理，就一定是錯的。

第12章 認識儲蓄銀行

儲蓄銀行，有時也叫儲蓄所，是經特殊銀行法授權並組織的存錢機構，是不受聯邦政府管轄的。許多州制定並實行了嚴格的法規，確保儲蓄銀行處於嚴格的監管之下，並使銀行以最保守的方式處理其業務，尤其是投資業務，這樣風險和損失都能降到最低點。

嚴格遵守銀行法律，保證銀行之間的信譽，是很少有銀行會背離的原則。這些法律不允許銀行用儲戶的錢來投資，除非是購買高等級的債券，向有錢人提供抵押貸款或向擁有不動產的人士提供貸款。在一些法律特別嚴格的州，銀行只能購買績優股和其他優質的債券，而給房地產的貸款不允許超出總房款的六成。

大部分的州都盡其所能來保護儲戶的錢，因為立法機關意識到，儲蓄銀行破產帶來的損失是人民無法承擔的。因此，儲蓄銀行成了為大眾服務的標的，政府也以各種立法來為人民的財產提供保護。

儲蓄銀行受銀監會的領導和管理，銀監會的成員不允許對他們的工作拿工資和任何形式的報酬。銀監會會選出一位主席，他通常是不領薪水的，但是如果他參與到銀行的管理工作，是可以領薪水的；還會選出一位財務總監來做執行官，他負責任命員工和助理，而這些人的薪水都不會超過中等的標準。

在社會上最強硬的、最慎重的、最可靠的、最高尚的人的領導下，好的儲蓄銀行，在現實當中，像變成了一個慈善機構。因為監管人的職位是十分榮耀的，他是為廣大人民的利益而服務的。

在其他州合法存在的一些儲蓄銀行，一邊做儲蓄所，表面上為儲戶提供服務，一邊做獲利的業務，為股東們的利益而服務。他們通常和信託公司有聯繫，並且以獨立的部門來運行。他們的經營和管理並不是很保守謹慎，也不如一般的儲蓄銀行安全。

所有的儲蓄銀行都受州政府的監管，管理的嚴格程度取決於法律的嚴厲程度。大部分的儲蓄銀行在財務上都是健康的、慎重的、節儉的和良好管理的，儲戶可以確信他們的銀行是處於接近完全安全的狀態，但是在全國還有一些小的、管理不善的銀行，經常是由一個人或一組人管理，他們經營銀行完全是為了自己的利益，要不是間接地給自己貸款，就是給和他們同盟的人貸款。從外部來看，這些銀行看起來非常的穩固，只有仔細地調查才能找出他們的弱點。他們總是不斷地倒閉，有時儲戶甚至會損失掉他所有的存款，但通常他還能得到存款的一半到三分之二。許多這樣的銀行提供的利率都比現行的利率高，用此作為誘餌來吸引儲戶。

一個管理良好的儲蓄銀行，在符合地方某些條款的情況下，能付給儲戶五％的利率，但是那些謹慎的商人都不會推薦這樣的銀行，除非他十分清楚銀行的內部運作情況。

通常情況下，我也不會建議儲戶到利率超過四％的銀行去存錢。現在的錢沒有以前值錢了，因為錢在貶值，所以利息也在貶值。貸款的利率通常是三％，一些債券也不會超過二％，一些有較好獲利四％的債券，它的回報值是低於四％的，除非是以低於票面值的價錢購買。

一流的儲蓄銀行，是不會輕易向外貸款的，不會購買那些有問題的股票，也不會給任何有投機風險的生意貸款，除非是購買那種穩賺的股票。因此，銀行投資的純利潤是不可能超過五％的，那就意味著，它的錢不會賺到五％，一般情況，只能賺得比五％少，而這些收入當中，還要去掉管理銀行的費用。

所以，很明顯，沒有一家保守經營的儲蓄銀行有能力支付給儲戶四%的利息，只有個別時候會有額外的紅利。所以，請注意，如果銀行的利率超過一般的標準，也不應遠離四%，否則就是有危險的。

優先考慮地方銀行是可以的，但如果你不瞭解它的能力和優勢，請不要這樣做。我要建議選擇那些所在州嚴格遵守銀行法規的銀行，當地的銀行除非有較高的聲譽，不容置疑時，才予以考慮。有一些銀行不接受所在地方以外地區的存款，但是大部分的銀行並不會有此限制。

儲蓄銀行倒閉的事件時有所聞，使得很多人對它們有偏見，但是，整體上來講，這種偏見對儲蓄銀行來說是不公平的。事實上，所有倒閉的銀行都是那些小的儲蓄所，都是由於那些沒有能力，沒有誠信的管理者疏忽造成的。偶爾，一些小銀行破產了，是由於盜用公款，因為小銀行無法承受如此巨大的損失。

盜用公款出現在銀行的官員身上是可能的，沒有一種法律、法規或監督機制能完全防止這一點；偷竊的機會也總是存在，而想讓所有的人都明白，為什麼一位值得信賴的官員會倒下也不是不可能的。許多誠實可靠的人，在巨大的誘惑面前，會用銀行的錢做投機生意，雖然，他當時是意圖歸還的，結果，他像很多投機商人一樣失敗了，因此，也就沒有能力償還那筆錢了。如果這是家小銀行，所有的錢，或者部分的錢，可以說都是來自儲戶的。

要說我歧視小銀行，那是不公平的，因為，許多銀行還是像直布羅陀海峽的岩石一樣牢固，並且大部分的銀行管理者都要比一般人正直。然而，不可否認的是，人性是有弱點的，挪用公款總是會發生的，挪用一家小銀行的錢會使這家銀行垮臺的，但是，從一家大的銀行挪用同樣數額的金錢，對儲戶是不會有影響的。

小銀行的財務總監，或者其他的官員，只要在輸入帳目時寫錯一個數，就能夠在很長一段時間內，掩蓋他的罪行。由於他掌管銀行的財務，所以也很容易銷毀證據；而在一家大銀行裡，沒有一個人會有這樣的機會，最多，也只能盜用一小筆錢，和存款總額相比微乎其微。

挪用五千或一萬美元的公款，會毀掉一家小銀行，但是同樣數額的偷竊行為，對大銀行來說是沒有影響的。並且，監理會的委員們很少行使他們的權利，總是讓財務總監去處理所有的事情，這也就給了他挪用公款的機會。

大的銀行會集備很多的幹部來管理，在不通知其他管理人員、沒有得到其他管理人員同意的情況下，沒有一個人可以掌管大筆的資金。

正如我曾經說過，有一些小的銀行，它們的經營管理完全從監理會委員或高官的利益出發，雖然他們不會直接瀆職犯罪、挪用公款，但是他們會冒著犯罪的風險，把銀行的錢直接貸款給自己，或者是有關係的人，或者做一些不公平交易。因此，這樣的銀行早晚會倒閉。

相較之下，很少有大的銀行破產倒閉，因為他們受挪用公款和偶爾不良投資的影響很小，他們足夠大，所以能經受住數目較大的損失。而大銀行能承受的損失，是使小銀行破產的損失的好多倍。

我建議每個人都要把錢存在聲譽好的大銀行，如果要存在別的銀行，一定要向當地的銀行家和商人調查好這家銀行的等級。一般情況下，還是要選擇那些大的銀行。如果地方銀行很小，而且管理的人員也不誠實可靠，我建議還是把錢存在較大一點的銀行。國家銀行的官員，或任何銀行的行長，或一些金融家們，都會給儲戶想要的資料；並且最好要多詢問幾個人，因為很多誠實可靠的人也會有偏見。

出於安全著想，還可以到別的城市去諮詢，詢問一下這些城市所屬國家銀行或儲蓄所官員們的意見。

在銀行監理會裡有幾個十分正直的人，並不能說明這個銀行的管理就是完善的，除非這些人能積極地參與到銀行的日常管理工作中。許多正直的人願意擔任監管員，但卻並不履行任何責任。他被放到監理會的名單中，常常是為了利用他的好名聲，他和銀行的聯繫沒有任何實質意義，並不會給銀行的名聲加分。

認真的調查才能使我們真正瞭解銀行的狀況，並且調查得多總比不做調查強。不要把錢存在聲望不太好的銀行，也不要把錢存在連保守慎重的商人都不支持的銀行。

儲蓄銀行按要求，要寫年度報告；但是除了專家，一般人都讀不懂這種報告。很多報告表面上讀起來都很好，但是，除非你熟悉金融方面的知識，否則，不要讓這份報告影響你對這家銀行的判斷。直到你把這份報告給懂金融財務的人看了，才能做決定。

如果一家銀行把它的辦公傢俱都算到銀行資產裡，那你就要小心了，這只能說明它的擔保物不夠。如果這家銀行提供超過六成的購屋貸款，那你還是選別家吧；如果你沒有能力判斷金融狀況，那你就要依靠你的理財顧問的地位和名聲了。如果你的顧問人品很好，金融方面的聲望也很高，也不是做投機生意的，那麼接受他們的建議是不會錯的。

儲蓄銀行當然是最方便的儲蓄所了，儲戶隨時需要就可以把錢取回來。儘管銀行可能會規定，取全部存款必須提前三十到九十天通知銀行，而這一條款只局限在經濟較差、規模較小的銀行，一流的或較大的銀行總是會免除這個條款，只要想取，就會付全款，除非銀行正在調度。即使那樣，只要儲戶有要求，大部分完善的銀行也不會拒絕。

擁有抵押品、股票債券和房地產的人士，雖然他的投資很安全，但卻不容易拋售，也就是說，他不可能立刻獲得現金，所以他為了立刻獲得現金，不得不向經紀人支付一些傭金。而在儲蓄銀行存錢，是可以隨時獲得現金，並且是可以賺利息的現金。

事實上，人想什麼時候從銀行取錢就能取到，這對儲蓄是不利的，因為有些人想花錢的欲望，是一種類似於犯罪的衝動。出於這種原因，他們最好把錢存在不容易取出來的銀行，但我對這些人並沒有太多的同情心，他們一事無成，所以我也不贊成建立使他們可以獲利的投資方式。

銀行儲蓄比起其他的投資方式還有一個優勢，因為銀行接受小額的儲蓄，這樣可以使人從零開始積累，現在每得到一美元的利息，都是從最初省下的每個美分開始的。

例如，我們可以設想，你每週能攢下一美元，你可以每週都把這一美元存到你的儲蓄帳戶裡，而你卻不能用其他的方式把這一美元、一美元積累起來。你可以把錢存在銀行裡，直到它超過了一千美元，或者足夠多了可以當頭期款去貸款買房，或者去買債券，或任何形式的證券。如果你對四％的利率比較滿意，就讓錢留在銀行裡吧，因為超過五％的利率，你是不會獲得同樣的安全保障的。

很多富人都懂得怎樣去投資，把全部的錢或者部分的錢，存在儲蓄銀行裡是其中的一種方法。有的人會存幾萬塊錢在銀行帳戶裡，並且通常會得到四％的利息，而且如果是把錢存在信譽好的銀行，這種投資是十分安全的。

一些系統性存錢的人和投資者都把儲蓄銀行當作一種權宜之計，只要積累的資金到達了一定的數額，他們就把錢取出來，然後投資到一些回報較高的標的上。

我會建議每個人一開始把銀行當作基本的儲蓄所，不管他將來是否會跳過銀行，把錢投資到別的地方去。並且，我會建議那些剛開始存錢的人，不僅是把錢放到銀行，還要系統地、有意識地存錢，而且，不要輕易地把錢取出來做其他投資，除非你能確定，那種投資和銀行的利息一樣可靠，一樣安全。

每個人都應該明白的一個道理是，除非他已經積累下相當多的財產，否則，他還是應該每週、每月繼續存錢。這種系統性的存錢習慣應該成為一種理念，如果你決定在一段時間內存到一些錢，你就應該從下決心的那一天起，每天都存一點錢，哪怕只是一美元也行，然而，一旦打破這種系統性的存錢習慣，就會在你的儲蓄、理財和人身保障等方面造成影響。

任何值得做的事，我們都要堅持下去。沒有規律，我們就什麼事都做不成。那些能系統地存錢的人，可以說就是有好的品質。雖然他們存的錢很少，但是他們堅持所做的事情是聰明的商人都會尊重的事，並且也可以證明他們擁有好的人品，為人忠誠，有毅力，有能力。

每週或每個月去一次銀行都是有好處的，對儲戶來說，這是一次與有身份地位的人面對面接觸的機會，與他們熟悉或者交朋友都是值得的。如果儲戶定期地去一家儲蓄銀行，會逐漸吸引銀行官員的注意力，這種熟悉雖然不算密切，但可能將來會對他有用處。許多老闆在雇用員工的時候，對那些有儲蓄帳戶的人有明顯的偏愛。一個銀行的存摺可以是一個良性的財產，它代表的意義已超出了它的實際價值；它不但是存款，還是一封推薦信。

我要建議每個年輕人，或者任何年齡段的人，只要你還沒開始儲蓄，今天就去開一個銀行帳戶吧。如果你只有一美元，那也是好的開始，好的開始是成功的一半。

看好你的存摺，不要把它隨便放在辦公室的抽屜裡。如果它丟了，或是被偷了，要立刻通知銀行。雖然別人去認領存摺的可能性不大，但是別人把錢取出來還是有可能的。

第13章 認識國家債券

美國的政府債券可以被看作是絕對安全的，只要我們的政府保持不分裂，經濟保持一定的繁榮，債券的持有者是不可能損失金錢的。

理論上講，債券的內在價值並不是完全固定的，是很容易跌過票面價值的，但是，事實上，只要它保持穩定，波動也只局限在購買者所付的額外費用上。

政府可以拒絕償還債務，但這是不會發生的，一點可能性都沒有。如果美國政府垮臺了，美國所有形式的證券都會價值減少，或者接近分文不值了；但是美國政府的債券現在是、將來也是可靠的投資，應該被看作是最安全的投資。

有些人反對投資債券，因為按票面價值來講，債券的報酬率最低，很少有購買者不是付了額外的費用才能買得到債券。等到這些債券到了購買人手中的時候，很少還保持票面價格。通常是債券的承購者出價，把發行的債券全部買下來，然後再把它們分別賣出去，也就是說，個人購買者必須要付一定的費用才能買到，這樣就

降低了債券的利息。

美國政府發行的國家債券有兩種：記名債券和息票債券。

記名債券，正如名字所表示的，是以它的購買者或所有者的名字登記註冊的，如果票券一旦丟失或損壞，政府也會兌現的。

息票債券是向持票人付錢，它是和銀行的鈔票一樣，只是上面有附加的利息。它不需要註冊就可以交易，一旦丟失，是不能找回的。息票債券的所有人應該記錄下債券的流水編號，並把它放在離債券較遠的安全地方，如果債券丟失或被偷，記下的數字會幫助所有者找到債券。息票債券永遠不要隨便地放在辦公室裡，或家裡的保險櫃裡，這些地方的安全性是不夠的。它應該被放在銀行的保險箱裡，或者其他安全的置物空間。

我不會特別建議工薪階層購買美國國家債券，或者把它們當作投資標的。我不是不知道這些債券是最安全的，但是，事實上，只有你多付相當多的費用，你才能買到，因此，我不建議購買，因為它的報酬率太低了。也可以這樣理解，理論上講，如果有其他類型的投資，一樣地安全，並且報酬率很高，我是不會持這種態度的。例如，一些實力比較強大的儲蓄銀行，不僅付的利息比較高，而且還和政府的債券一樣安全。你存入多少錢就是多少錢，利息是以存款額來計算，沒有任何額外的條款。

不是我反對工薪階層做任何有一點風險的投資，只是我找不出理由，為什麼他們就為了那麼低的利息，而去買政府的債券。同樣安全的，別的形式的投資，可以獲得更高的利息。

購買國債的人主要是那些大的投資商，是那些掌管大規模信託企業的商人，和那些想在不引人注意的情況下，轉移大筆資金的商人。

我建議那些小額投資者，在不承擔過多風險的情況下，盡可能地多賺錢。他可以把錢存在銀行裡，或者用其他保守的方式投資，這種投資很安全，利率也還算不錯，大概有三．五～五％的利息。

正如我曾經說過很多次了，最安全的投資只存在於利率不到五％的投資，偶爾會到六％。雖然有些投資的報酬率是在六％，並且也十分安全，但是投資的安全線還是應該設在五％。尤其是對那些只能存下一點錢的人，我絕不會建議他們去購買國債。

然而，如果有人想獲得安全感，也不著急用錢，並且不介意利率很低，那他購買政府債券是一個正確的選擇，如果選記名債券就更好了，把它放在銀行保險箱裡，盜竊和遺失就絕不可能發生了。

記名債券的所有者是不會損失掉他的財產的；息票債券的所有者，只有在銀行保險箱被盜的情況下，才會有損失，不過一般這種情況不會發生。

有很多其他形式的投資，雖然理論上不太可靠，可實際上很安全。因此，小額投資者不用購買政府債券，做其他的投資能獲得更高的利息，賺更多的錢。

第14章 認識地方債券

在美國，也許有那麼一個州，一個市，一個小鎮是沒有債務的，但是我從來沒聽說過，我也不知道是否有人曾經聽說過。

州、城市和小鎮出於各種原因，按照現行的法律向群眾借錢，通常是為了達到稅收的預期目標，支付目前的各種開銷，或為了改善公眾設施，例如，修水利設施和排水設施。

如果不是借錢搞建設，沒有社區能享受到現代化的設施。至於如何籌措？要不是官員簽署一些文件撥款，就是是政府發行債券。很少有修繕設施不是通過發行債券來籌集資金的，因為一般撥款只能用在目前日常的支出上。

任何州、市、還是鎮的借款能力是受到法律限制的，但是有些州，以自己的觀察和判斷，可以合法地把借款線提高，甚至高到一個比較危險的點，但政府當局也會使其通過的。

州通過立法或集會形成的法案來借款，市通過市政府的投票來借款，鎮通過鎮政府的投票來借款，但所有的借款行為都要符合所在州的法律規定。當借款是在規定的債務範圍內，不需要取得州政府的同意。由於官員和投票人的合法行為，因此發行的債券，可以被看作是絕對安全的，應該推薦給小額投資者，或者其他喜歡利率相對合理、安全可靠的投資者。

這些債券的利率都很低，從來不會超過五％，經常是四％，或三．五％。除非借錢的機構嚴重地欠債，這時利息也會高一點，但也增加了投資風險。例如，經濟落後的城市，債務低於正常的標準，可以以很低的利息發行債券，如三．五％，或四％，然後以高於票面價值出售債券，個人或銀行得多付一～八％的利率購買下所有發行的債券。

讓我們假設，一個落後的城市要修建新的水利工程。城市的債務低於法律設定的標準，信譽很好，有發展的空間，債券是足夠安全的，因此，可以確定，本金和利息都會及時歸還。

除非資金十分緊缺，一般借債的利率是三．五～四％；實際上利率更低，因為債券出售時都有一筆額外費用；一千美元的債券可能會賣到一千零一十美元，有時會賣到一千零八十美元。這些債券通常會賣給經紀人、銀行家和承購人，然後他們再稍微加價一點賣給大眾。如果經紀人花了一千零三十美元購買了一千美元的債券，他可能會以一千零三十五到一千零五十美元，或者更高的價錢出售這些債券。

事實上，從城鎮或城市直接購買債券是很困難的，除非你是資本家，或者是集團企業的成員。顯然，四%的債券，因為賣出時有加價，所以它的購買者不可能獲得四%的淨利息，一般，他獲得的利息不可能超過三．五%。

債券的真實價值也取決於它持有的時間長度，三十年或四十年的債券要比十年的債券值錢。如果州、市或鎮的經濟處於很好的狀況，並且債券的發行量合法、適當，那這種債券的安全性就和美國政府的債券一樣。

有些信譽良好的社會型債券也是相當安全的，但那些已經債務很多，並經過州裡特批的債券，對那些小額投資者和謹慎的投資者來說，還是不要考慮了。一般情況下，我會建議小額投資者避免購買利率超過四%的債券，除非有很多優秀的金融家推別推薦；但是不論什麼情況，我都不會建議購買利率超過五%的債券，除非你能承擔得了這種投機風險。

一定要記住，債券實際所付的利率是不可能超出它的票面規定利率。例如，一個利率四％的債券，給購買者的利息永遠不會超過四％。雖然說買股票有可能會得到分紅，但是股票的安全性要遠遠低於債券的安全性。

投資債券一般有幾個缺點：

第一點，低利率。這一點存在於所有比較安全的投資當中，因此，已不需要當作不利的條件來考慮了。

第二點，債券的銷售價格可能會出現波動。今天價高，明天價低；但即使這種情況發生，波動也是比較小的，雖然聽說過有的城市債券一年跌了六～七％，但並不是票面價格下跌，只是額外的費用下跌了。例如，你花了一千零六十美元購買了一千美元的債券，但是，很有可能，在一年之內，或者更長的時間，你不可能在市場上以一千零一十或一千零二十美元的價錢出售。如果你不得不出售，你的損失是巨大的，然而，你還是有很大的機會把額外的費用賺回來的，至少會接近那個數字。如果你能堅持住不出售債券，你就能保持沒有損失，或者損失很少。不過，我還是要建議你，不要買那些額外費用太高的債券，要耐心地等待市場出現好的時機，以接近票面價格購買債券。你的金融顧問會告訴你怎麼做，不僅告訴你買什麼債券，還會告訴你什麼時候買。在債券市場價格下降之前，你最好把錢存在銀行裡。

第三點，有丟失債券的風險，除非是記名式債券。但是債券只要存放在保險箱裡，還是絕對安全的。當然，記名式債券就更安全，但是許多人更喜歡無記名式的債券，因為它們更容易交易，不需要手續就可以出手。

一級債券的波動總是隨著貨幣市場的情況而變化，如果債券的持有者購買時所付的額外費用不多，並且能經受住市場的低迷時期，那一般不太會損失很多。

再來看看債券的幾個優點：

第一點，無論是一流的金融家、高級的銀行家，還是保守的投資者，都把債券看作接近於最安全的投資。高級債券是所有儲蓄銀行都會做的合法投資，被看作是最安全的借款模式。

第二點，交易簡單。好的債券很少有低於票面價值的，或者和銀行鈔票一樣保值。任何銀行都會很情願地以票面價值的八成或九成購買債券。事實上，債券的持有者擁有的是一種可以交易的、帶利率的鈔票。

但市場上也存在大量欺詐的、非法的和無價值的債券，是由城鎮和社區發行的，而這些地方不是嚴重欠債，就是信譽不良。這些債券是由一些不可靠的經紀人提供的，他們通常承諾會有高利率的回報，這些債券用精美的紙張印刷，票面製作得也很吸引人，有時為了避免惹人懷疑，這些壞的債券只保證很低的報酬率。由於一些債券的安全度非常高，因此很多人把所有的債券都看作是安全的。這種共同的想法使得不誠實的經紀人有機會處理掉那些沒有價值的債券。

原則上，不要購買遠距離地區發行的債券，因為你不太容易確定它們的價值，並且獲得專家的意見也是很困難的。大部分經營債券的銀行和經紀人都是很可靠的，但是，我仍然不建議小額投資者盲從地相信任何一家機構或任何一個人，他應該自己調查，要調查一個城鎮的財務狀況是很容易的。他可以去詢問兩三家績優銀行的行長和出納，他們會很樂意告訴你想獲得的資訊。

銀行家和金融業的人對好的債券的價值都瞭若指掌，因為債券是一種很方便的、很可靠的銀行抵押物。讓我說得更清楚些，假設，你很認真地考慮購買某一種市政府的債券，在買之前，我建議你去拜訪兩三個一流的銀行家，關於債券的安全性詢問一下他們的觀點。如果所有的人都強烈建議你買這種債券，你這麼做會很安全；如果觀點不一致，那麼就放棄購買吧。

利率不超過四%的債券並不代表是最安全的，儘管有一些四．五%、五%的債券都是相當地安全，但通常利率超過四%的機構，總是資金緊缺，債務龐大。相較而言，很少有好的債券是過度宣傳的，甚至有的從未宣傳過。原則上，我會建議你遠離那些過度宣傳的債券，好的債券不需要過多的公眾關注。

請記住，這本書不是寫給投機商、金融炒家和那些玩股票和債券像玩牌一樣的人看的，他們的輸贏在擲骰子的一瞬間已經決定了。我所列出的事實和資料希望對那些眾多的中產階級人士能有所幫助，還有那些收入很少無法存下錢的人，和比起高利率更看重安全性的投資人士。我並不建議把好的債券和儲蓄銀行拿來做比較，雖然，高級債券要比普通銀行的存款帳戶安全些，但一流的儲蓄銀行提供的安全性和好的債券是一樣的。好的債券和絕對安全的儲蓄銀行給的利率是一樣的，安全性也是一樣的。所以這只是個人偏好的問題，我會建議小額投資者兩者都考慮。

第15章 認識銀行股票

國家銀行的股票被認為是高級的債券，它的價值取決於銀行的資本，業務成交的數量和品質，還有董事和官員的可靠性和財務狀況。

國家銀行也有破產倒閉的時候，不過很少發生；有財富、有地位的人領導的銀行很少會遇到特殊的經濟困境。很保守、但是卻很有發展的、管理良好的國家銀行的股票，可以說是最安全的了。然而，股票還是會受到波動起伏的影響，股票的持有人不能以某一次的股票價格決定它的價值。但是這些波動通常都非常小，股票還是能反映出它的標準價值，即使股票價格下跌，也是暫時的，很快就會回升到正常的價格。

國家銀行股票的購買者一定要記住，一旦銀行遇到財務狀況，無法履行應付的義務，他必須承擔的風險就是股票數額的兩倍。例如，讓我們假設，你擁有一股國家銀行的股票，股票的票面價值是一百美元，如果銀行倒閉了，沒有足夠的資金償還給儲戶，此時，儲戶是第一債權人，在其他人得到錢之前，必須先要還清儲戶的錢。所以你作為股東，要按股票的票面價值來估算，如果那樣，你的損失將是一百美元加上你買股票花的錢。

許多小額投資者，就是因為作了大銀行的股東，銀行一倒閉，他們也就破產了。所以這種情況給國家銀行股票增加了風險，但是，這種情況的發生比例相較而言還是比較少的，大部分國家銀行的財政還是很牢固的。

在購買國家銀行股票之前，一定要好好對銀行的狀況進行調查，搞清楚在過去的十到二十年裡，股票的市場價值和銷售價值。如果股票顯示出很大的波動性，我們最好還是放手；然後，你可以通過面談或寫信的方式，諮詢一下銀行的官員，或者是在金融業非常有聲望的人士，他們所處的位置可以很容易地瞭解銀行的狀況，也可以很容易地讓你獲得相關的資訊。除非有幾個可信賴的銀行官員，或幾個公認的銀行金融家，都無條件地推薦這支股票，否則你最好還是考慮其他的投資形式吧。

國家銀行是一個公共的機構，只要銀行的資金穩固，管理良好，它在金融界就會被大家所熟知，因此，你不會費太大力氣就能得到你想要的資料；反之，如果你費了很大力氣去查找銀行相關的資料，這就說明，很有可能，這家銀行有問題。

很少有銀行以票面價格出售股票的，額外的費用會是股票票面價格的許多倍，而額外費用的多少取決於銀行的可信度，銀行的資本和所付的利息。然而，儘管銀行承諾付給票面價格的兩倍，甚至三倍，股東所獲得的收益也是不太可能超過他投資的五％或六％。

一流的國家銀行股票是不會以票面價格出售的，甚至，有的時候，它的實際銷售價格是票面價格的三十倍之多。但是，低於票面價格的股票也不要買，它也許是安全的，但對你可不是。

事實上，好的銀行股票不太可能比優質的儲蓄銀行存款或市政債券好得多，雖然我很看重國家銀行股票，但我不會特別把它推薦給工薪階層，因為這是一個對有錢人的投資，不但要經受住市場的波動和承擔債務，而且這種投資的報酬率並不比銀行存款多多少。在銀行，存款不需要經受波動，儲戶也沒有責任。然而，就安全性來講，好的國家銀行要比很多儲蓄銀行好得多，因為儲蓄銀行實際上是由一個人來操控的，並且太小了，經受不起任何的挪用公款和投資失敗。

我所指的優秀的儲蓄銀行，是那些由幾個有身份地位的人管理的銀行，這些人手中有大筆的資金，不會受到瀆職和其他災難的影響。

我不需要再探討州銀行的股票和其他的信貸公司，我所提到的國家銀行的股票，在這裡完全地適用於其他的銀行機構，而關於商業銀行的資訊，讀者可以參照第29章「在銀行開一的帳戶」。

第16章 如何辨識股票的價值？

我曾嘗試在其他的章節中介紹各種各樣的股票，並且特別強調了購買股票的投機性。在這章裡，我簡略地向收入少的人群介紹一下怎樣投資購買股票，我是不會把工薪階層當作投機商和資本家等同來看的。

顯然，手頭閒錢不多的人，和不太可能存下一大筆錢的人，他們在投資時，安全性要比獲利重要得多；巨額的利潤通常伴隨著巨大的投機風險。

一股股票在非技術上可以被看作是一張紙，代表了擁有一家公司某個比例的股份；例如，一家由十萬美元組建的公司，發行了一千股的股票，每股售價一百美元，擁有了一股股票的股東，就擁有了公司財產的一％，擁有這一股股票使這個股東有了一票，如果他擁有兩股，他就有兩票。

股票真正的、永久的價值並不總是它的售出價格，而是要看公司的財產，和它現在或將來的營業狀況。事實上，所有的公司都是由一個人或者幾個人管理的，小股東在日常管理中基本沒有發言權。擁有大部分的股票，就控制了大部分董事會的選票，選票的多少來自股票的多少，而不是來自股東的多少，然後就可以投票選舉董事，制定政策方針，並能操縱整個局勢。

例如，假設一家公司有四十位股東，一共擁有一千股股票，但是，有一個人擁有了五百零一股的股票，他就是公司的大股東，只要不犯法，他就可以想幹什麼就幹什麼。小股東們是有權力的，但是想行使權力是非常困難的；控股的股東們想做的事情是沒有限制的。

事實上，很少有公司不是合股人制度的，但是，除了那些擁有大部分股票的股東，一般的股東都只能是保持沉默，既沒有權力，也沒有權利。大的企業，甚至幾個小的企業，都願意合併重組，因為這樣做，企業的所有人可以逃避個人的債務和責任，並且這樣比在一個合股制度下更容易銷售股票來籌集資金，更容易獲得外部的資本。

事實上，所有的股票都會有波動，雖然最好的股票只是上下波動幾個點，股票所付的利息也或多或少，有的甚至沒有。一美元的股票可能十美分就能買到，也可能要花它票面價格的許多倍才能買到。如果股票的紅利超過六%，那這家公司就是經營良好、資本雄厚，因此股票不會以票面價格出售，它可能比票面價值要多二十到三十倍，雖然很少有股票會賣到它票面價值的兩倍以上。例如，一個股票的報酬率是十二%，在市場上，它的股價可能會是它票面價格的兩倍，而這就意味著這支股票的購買者只能兌現六%的利率。沒有一支可靠的、合法的、高利息的股票的售價，會允許獲得的淨利率超過六%或七%。

擁有股票就意味著有所有權，有管理權，但並沒有房產抵押的置留權，也沒有債券的固有價值；因此，股票也不會有同樣的安全性。股票付的利息高是因為它的價值更有投機性，股票的持有者可比債券的持有者冒著更大的風險。

優先股票可以看作比普通股票更有優先權。如果公司破產或清盤了，首先要償還的是債券持有者，然後是那些擁有財產抵押，和其他有抵押權利的人。比起普通的股票，優先股票可能有，也可能沒有更高的固有價值，它可能售價更低；普通股票有可能比優先股票付更多的紅利，但是如果公司遇到了麻煩，或者有財政困難，優先股票就會提供更大的安全保障。

優先股票的利息是不會超過票面規定的數額，而普通的股票付的紅利可能有十倍之多。如果公司經營不好，它當然不能把承諾的利息付給股東。他們不能確定的是能否獲得所規定的利息，能確定的是獲得的利息不會超過所規定的數額。

在一般的股東獲得紅利之前，優先股票利息的全部數額應該作出規定。

我是不是應該建議收入少的人考慮優先股票，或者購買普通股票來作為一種投資呢？我很難熱情地說「是」，或用力地說「不是」來回答這個問題。

股票的買賣和持有是屬於有錢人、專業的金融分析師，和那些能承擔得起投資風險的人。很顯然，普通的工薪階層是無法承受一點風險的，他們所選的投資產品在價格上也不能有一點波動。但我沒有必要反對他們購買股票，他們可以購買幾股優質的股票，漲幅大於跌幅的股票，或者在特殊情況下，也只下跌幾個百分點的股票。這樣的股票確實存在，但購買這種股票的報酬率是不會超過六％的。

除非你十分瞭解股票市場，或者有做投資的朋友，你可以去向他們諮詢，否則，你最好不要碰股票，部分的原因是，股票的安全性遠遠不及有實力的儲蓄銀行和穩定的債券；另外，當人開始購買股票時，他就像沉迷於一種遊戲當中，而這種傾向經常會變成習慣性的，通常最終導致大的災難降臨。

請讀者繼續研究關於股票的其他章節，尤其是下一章「股票的投機性」。

第17章 股票的投機性

做生意都伴隨著一種幸運或者機遇，或者叫投機的因素，而且在每一種投資當中都是不能避免的。所謂股票投機者的經營操作，和那些受雇於一般企業的員工完全相反，和那些做普通生意的人，如加工和銷售商品等，也是不一樣的。

商業的行為，或商業的原則建立在，或應該建立在生產和經銷產品的內在價值。這是一種可通過測量或秤重所得出的價值。

股票可能有，或應該有一個確定的價值；然而，許多股票都純粹是投機性的，今天高，明天低。而股票的持有者實際上只擁有很少一部分的股權，要比他實際擁有的，或他以為他應該擁有的少得多。

商品或普通的貨品會受到市場的影響，而產生價格的波動；但它的價值是不變的，或基本不變，除非有特殊的情況。

股票可能有或沒有它的內在價值，它的售價經常是受質疑的。今天賣得比實際

價值高，明天賣得就比實際價值低。即使這支股票不值錢，但持有它的人知道怎樣操縱它，也能變得很值錢，但是小額投資者永遠都到不了那個境界。

如果公司的可交易資產等同於它的股票發行價，這些資產就能永久的存在，並且每一股都有它確定的價值，雖然會有一些小的波動；但是，如果股票所反映的是灌水的資產，那麼股票所擁有的也只是膨脹的價值。或者，有些股票所反映的一半是真實的資產，一半是灌水的資產，那麼股票就很難有標準的價格，也很難做出真實的評估。即使最好的股票也是會有波動的，並不是由實際資產的縮水引起的，也不是業務量的增加或減少引起的，而是由於承購者和操縱者在拿股票玩遊戲，和站在另一方的投資大眾在玩遊戲，而在這種競賽當中，大眾很少會獲勝。

例如，一條鐵路有它的可交易資產，包括築路權、電機系統和車廂、房地產，和所經營的業務。除非業務量激增，或者遇上經濟蕭條的時候，否則，它的股價不應有太大變化，頂多在二十四小時之內上漲或下降幾個百分點。如果，股價下跌，就意味著股票持有者損失金錢，除非股價會很快漲上來，或者他能夠承受得起損失，繼續持有。普通的商品或貨品也會受金融活動的影響，但是不如股票這樣敏感，所受的波動也不大。

表現內在價值的股票交易是完全合法的商業行為，對那些精通的人來說，禁止這種行為是沒有任何商業道理的。對那些喜歡戰鬥的人來說，股票市場是絕佳的場地，無論成敗，他們都能微笑面對；但是對外行人和所謂的生手來說可不是，對他們來說，踩到又硬又尖銳的刺，要比穿越股票市場的迷宮容易得多。

股票的買賣本身是一門生意，它的成功取決於對形勢的熟知和判斷，但是即使對這門生意最熟悉不過的人也不能永遠獲利。相當一部份的股票操縱者和莊家，雖然他們很有錢，也會被股票市場的起落給淹沒。可能昨天他們還很富有，今天就變得很貧窮了。

在人生的高速公路上，兩邊排滿一些人，他們都曾是股票交易所的常客，他們都曾開車出行，可現在，他們不是變得窮困潦倒，就是默默無聞了。股票市場，從場外交易到場內的合法交易，造成的破產倒閉，比其他商業因素所導致的破產倒閉加起來還要多。

大部分小額投資者遠離了，或者被遠離了正常的股票，他們佔據了各個商號，包圍了低水準經紀人的辦公室。商號的氣氛就像賭博的小房間，不斷地吸引他們，控制他們，他們因為貪婪而不能自拔。除了瘋狂地想快速致富外，他們什麼都不在乎，名譽早就拋在腦後了，他們成了十足的賭徒。

投機商號也就是我們通常所說的經紀公司，在那裡，各種各樣的股票都在被非法的出售，有好的，但大部分都是差的，甚至是更差的，最差的股票都在那裡。那些來這裡購買股票的人很少有人有有形資產，並且也沒有購買股票的所有權，雖然他們以為有。

投機商號的經營者以卑劣手段讓自己贏，讓買家輸，就像用作弊的骰子來賭博一樣，他們用作弊的股票來欺騙買家，偶爾買家也會贏，但是最終商號的經營者會把他們掠奪得一乾二淨。

為了吸引買家，投機商號通常是採用豪華裝修的，表面上，買家們受到了禮遇，他們甚至可以使用免費的信紙、電話和郵票。許許多多的男人和女人都把他們的失敗歸因於投機股票買賣，大部分的人就是因為進入了投機商號，才跌入了人生的低谷。他們並不懂得股票的價值，他們購買股票僅僅是為了比誰更有錢，而這實際上就等於把錢押在了騙人的幸運輪盤上。如果他們贏了，那也是由於幸運或者是偶然；如果他們輸了，那也是應得的。當一個小投資者在股票賭博，或者股票買賣當中賺錢了，就有一百個人賠錢了，並且最終所有的人都會賠得精光。

對股票賭博的狂熱（我在這裡用「賭博」這個詞，而沒用「投機」），是和酗酒和吸食鴉片一樣致命的。這種狂熱好像抓住了他的身體一樣，最終耗盡了他的力氣。也可能會變成一種慢性病，或者是有傳染性的流行病一樣。

無論是透過投機商號，還是正規的股票交易所，無論是買高級的股票，還是買那些有問題的股票，沒有人能承受得起以投機的方式玩股票，除非他的經濟實力能讓他經受住頻繁的損失，除非他有非凡的智力能面對災難而不畏懼，並且，無論形勢如何，他的失敗都不會影響到無辜的家人。他選擇去冒險，就像收入中等的人失去了道德和權力一樣。

對收入少的人和沒有經驗的富人來說，投機股票可不是正當的、謹慎的投資。就像北方的寒冷和赤道的炎熱一樣，遙不可及。

我曾經聽說過在某個神秘的地方，有幾個小投資者，他們的投機把戲玩得很成功。他們靠運氣賺了些錢，並且有足夠的理智在恰當的時機停手，把利潤都揣進口袋，從此不玩了。但是，我一定要說，我從不允許自己把目光停留在幾次投機成功的事情上，我也從來不認識任何人曾經見過那些小投資者，或者能給出這些人的地址。

有一條不變的定律就是，賭博的人是不可能存錢的，他不會一直贏下去，也不會在停手的時候剩的錢比原來的多。但是，即使他能做到收支平衡，或者有一定的獲利，我還是反對收入少的人做任何形式的股票賭博，或任何種類的股票投機。

第一，不管有錢人有沒有權利去做投機的事，但對小投機者來說，這在道德方面可是錯的。

第二，因為每種形式的賭博，包括投機，都會導致經濟上的墮落，是商業欺詐和經濟失敗的主要原因。

第三，因為收入少的人冒不起投機的風險，不管他有沒有家人要養活。他要是這麼做，不但會賠上他的現在，也將押上他的未來。

第四，我從來不認識投機商會推薦投機生意，即使是非常成功的人，也不會向工薪階層們推薦投機生意。而他們之所以沒有這樣做，就像大煙鬼們不會主張吸大煙一樣。

如果一個人收入不多，還要養家糊口，去冒險和做投機事業就和搶劫一樣，都是犯罪。我這麼強調這個問題，是因為我知道它的危險，是因為我瞭解我在說的事。我要建議小額投資者，有家庭的人（除非他很有錢）、工薪階層，還有智力一般的普通人，一定要避開股票市場，尤其是投機商號，否則他將招致災禍。即使他相當確信他會賺錢，我也要不厭其煩地告誡他，不要把錢投在波動的股票市場，因為最初的勝利可能會導致最終巨大的災難。

一些小額投資者進到股票市場，是因為他們獲得了一種奇特的、不可用言語表達的東西，這就是我們所說的暗示，而九十九．九九％的暗示都是有意的誤導，那些真正得到暗示的人，通常都把它留給自己。大部分的暗示都是上面拴著繩，裡面藏著鉤的，他們通常是魚餌，但卻不是漁民撒的，而是那些普通的、平凡的捕手撒的。他們過著古怪的、不穩定的、不負責任的生活，而這些人在大街上有著非常恰當，卻非常有意義的頭銜——騙子。

當你有了一點錢，並且不知道拿它來幹什麼的時候，一定不要做投機買賣，最好還是堅持那些傳統的方式吧，就好像你穿舊式的長筒襪，雖然它可能有個洞，但它也只有一個口；或者堅持用你的糖罐，只要把口朝上擺，就不會把裡面的糖撒出來。

第18章 股票保證金方式不可取

購買股票時不是付全款，就是付部分的款項，或者也可以付商業上所謂的「保證金」。保證金實際上是一種部分的付款，之所以叫保證金是因為數額較小。一流的、有聲望的股票經紀人是不會只收保證金就出售股票的，除非情況特殊，但即便是那樣，他也不可能在帳面上只收很少的錢；但是，不可靠的、沒有信譽的、不誠實的股票經紀人總是收了很少的保證金就出售股票，而且他做的股票交易當中，很少有付全款的，也很少有接近股票的銷售價格的。通常，保證金越低對經紀人越有利，對投資者越不安全，股票經紀人只要求付款比股價高，並能足夠應付股市的震盪就可以。

投機商號的經營者和收取保證金的經紀人通常都靠坐莊賺錢，而在交易中他們從來不使用自己的錢。他們的客戶通常是些小投資者，就是那些任人宰割的羔羊。他們既不具備金融方面的知識，也不具備其他方面的知識，他們成了貪婪的犧牲品，飛蛾撲火，雖然有時沒撞到火，但那只是偶然，大部分最後都被燒成了灰。

通常，經紀人所要求的保證金是股票真實價格或推測價格的十分之一。例如，如果股票的銷售價格可能是每股十美元，經紀人會要求付一美元的定金，他會用這錢去購買股票，或假裝購買股票，然後，他會持有股票，或者聲稱為客戶持有股票。如果股票上漲了，例如，漲到二十美元，經紀人會按照客戶的要求，賣出股票，給客戶三美元，這都不及他獲得的傭金。但是，由於客戶缺少判斷，一百個經紀人裡有九十九個會把客戶賺的錢重新投資，做保證金來購買股票。如果股票下跌了，例如，到了八美元，客戶就會損失掉他作為定金所付的一美元，然後不得不再付給經紀人一美元，否則他就會失去它的股票。

只付保證金所購買的股票並不是真正意義上的購買，經紀人只在紙上進行了交易，如果客戶虧了，他就會要求他繼續付錢，如果客戶賺了，他會盡其所能阻止他拿走利潤，不斷地建議他再投資，直到最後客戶的錢全賠光為止。

付保證金購買股票的人，實際上只是紙上談兵的賭徒。他們賺的錢還在紙上，但他們虧的錢卻是真的。理論上講，付保證金購買股票看起來不符合商業原則，但是，如果它不符合，那麼抵押貸款買房，或者任何的欠債行為都應該是不被鼓勵的，那樣的話，我們就要回到舊時的理念，不付全款就不具備所有權。但是，不知道是幸運，還是不幸，欠債已經成為商業行為的一個合法的部分。

不管是不是投機的商人們，在他們收到商品時，很少有人是付全款的。一些人相信開設帳戶，或得到信用是更好的商業手段，比起用現金付全款來說好得多。例如，讓我們假設，一個人買東西時，不是長期貸款，就是就付帳單的四分之一到一半，付全款所省下來的錢不會超過二％。如果這個人有固定資產，並能還上欠款，這就是好的交易，尤其是將省下來的錢供使用，要比付現金所得的折扣更合適。

因此，欠債已經完全是合法的了，或者已成為一種習慣了。只要不是過度欠債，是不會受到大家指責的，欠債所帶來的傷害是在於欠債的多少，並不是行為本身。債務可能既是一種商業美德，同時也是一種商業禍因。

適度的債務並不是不誠實，但是太多的債務絕對是危險的，一個人沒有權利去購買他買不起的東西。如果他欠債了，他應該有這麼做的商業理由，如暫時的權宜之計和有最後補齊全款的能力。如果欠下的債務沒有能力償還，不但對他人沒有誠信，對自己也會造成傷害，雖然最初時沒有顯現，但最終的失敗是一定的。

一般性的商業債務，即用抵押品籌集資金，在理論上是和付保證金購買股票完全不同的。這一點很難解釋清楚，因為在理論上它們很像，但是，實際上它們卻非常不同，尤其在結果方面。

只要是正常的商業往來，很少有借款人遇到財政困難，但是付保證金購買股票的人要不是損失慘重，就是分文不剩。在這種特殊的情況下，難道我們不能以結果來判斷行為嗎？難道我們不用詳細地分析交易的組成部分嗎？

我特別要強調的是，我建議那些小額投資者絕對要拒絕購買那些只需付保證金的股票。無論是從理論上講，還是為安全著想，他最好為所購買的股票付全款，要不就根本不去買股票。對瞭解股票市場的人來說，保證金可以是安全的，但是，付保證金的操作毫無疑問是冒險的，是小額投資者們投資失敗的大部分原因。

投機商號和收保證金的經紀人都是絕對不可靠的，因為他們打破了成文的或不成文的規定，但絕對是已經成立的金融規律。如果他不可靠，他就不能被信任，如果他不能被信任，就不應該被光顧。

和騙子打交道從來都不是安全的，不論是買股票還是買馬。即使你很懂股票，或者很懂馬，他早晚也會把你騙倒，除非你自己也很善於欺騙，那你們就輪流地欺騙對方吧，不是他占上風，就是你占上風。

投機的股票操作人和小額投資者經常光顧投機商號和收保證金的經紀人，好像比找合法的經紀人會賺得更多錢，而實際上，他們並不關心客戶，客戶的損失才是他們的收入。只要客戶真正關心他們的利益，他們就不會成功，只有不斷地鼓勵客戶繼續投資，客戶才會陷得越來越深。而且，他會鼓勵客戶只需交保證金就可以購買股票，並且，他會收最少的保證金，這樣對他才最安全。

這些所謂的股票經紀人卻從來不買股票，除非是不得不去補倉的時候，和有被逮捕的威脅而不得不履行義務的時候。他們和客戶的交易完全都是在紙上，客戶所擁有的最多也只是賭博的機會。客戶總是處於劣勢，因為經紀人總是耍手段取勝，不管客戶會不會損失錢，他都會賺錢。

付保證金買股票不僅僅是單純的賭博，它比賭博更不可靠。因為賭博者的手上可能會有有形資產的時候，而靠保證金賭博的人完全是在紙上談兵，他想有獲利的機會非常小。有時候，雖然他看起來會賺錢，最終他也一定會血本無歸。

很多人的生活都是因為付保證金買股票而毀了，所以這種行為應該毫不留情地受到指責。當經紀人賺一美元的時候，就有幾千人損失十美元，並且他們最終都會破產。股票的投機客，尤其是付保證金購買股票的人，比那些買彩票和賭馬的人，要冒更大的風險，彩票通常代表一種機會，雖然很小，也有可能會中，賭馬的人也有贏的時候，但是統計資料表明，小額投資者如果付保證金買股票，或者想靠投機股票致富，最終都會失敗。

在美國的許多州，投機商號都是被法律禁止的，但是只要人們願意買股票，實際上是不需要投機商號的幫助，也不需要付保證金。不管是付全款買股票，還是只付保證金，小額投資者和收入少的人都是沒有閒錢玩股票的，除非他願意接受這種不公平，並且承擔起巨大的風險。但是，只是為了使自己的存款翻倍，就把自己的全部家當押上去，真是太愚蠢了，他很可能有段時間靠投機股票賺點錢，即使一百次裡有九十九次他都去冒險，幸運也總是伴隨著他，讓他每次交易都能賺到錢，可是經驗顯示，小額投資者早晚都是要失敗的，而且大部分都是很快就會失敗，這已經是不容置疑的了。在賺了一些錢之後，他就應該收手，可是他沒有。因為收入少的人太愚蠢了，就知道靠投機賺錢，他們也沒有頭腦，對賺得的利潤毫不滿意，只是十分堅持地在玩這個遊戲，直到最終他的投資全部付諸東流。

除非他能十分瞭解股票市場，否則就遠離吧。你離股票越遠，生活就過得越好，投機商號和保證金商號是通往金融地獄最便捷的大道。

第19章 企業股票

企業股票是一種財產性質的股票，是私營企業在所在州頒發的執照下，做生意所得的利潤。此執照只要適用於一般性的企業法律，就不再受其他的國家和所在州的法律干涉，它沒有特許經營權，也沒有功能變數名稱權，也不能隨意使用房地產，除非是所有或租用。

私營企業實際上是一種股份制，企業的所有權在股東之間已規定出來。在過去的幾年裡，私營企業的合併變得非常流行，許多街角的雜貨店和藥店都合併了，雖然他們只是在做非常普通的生意。以前，只有幾家大的企業是股份制，其他小型的私營企業都不是，而現在，所有的企業都是股份制的經營模式。

企業制和股份制之間的主要區別在於所有人的責任，前者是受限制的，而後者限制較少。在共同遵守的法律下，所有股份制的股東都對自己的行為負責，而且這種責任可能會延伸到個人財產；而在企業制中，股東和所有人在他們的股份和企業資產以外沒有責任，除非有疏忽造成損失才要付全責。企業的所有制很容易轉讓，無論是全部還是部分，這要比股份制容易得多。

企業股票代表的是企業所有制當中的股份，和股份制很相似，也不是社會服務化的公司，像鐵路、電車、煤氣、水、電等。例如，一家製鞋廠，決定放棄股份制，並要重組公司，公司籌集了十萬美元的資金，發行了一千股的股票，每股的票面價值是一百美元。只要一個人，或幾個人擁有五百零一股的股票，就能控股，而小股東比起大股東，在權力方面少了很多，除非是違規操作。四百九十九股，或比這個數字更少的股票，將上市發行，或者財務部將暫留一部分的股票，以後再發行。公司的股票，除了庫藏股票，都屬於個人持有，而不是公司，個人可以上交，也可以不用上交股票銷售的收據給企業，而庫藏股票銷售所獲資金只能用在企業的運營和發展方面。但是，由於管理權落在大股東的手中，所以庫藏股票的銷售收據最終落在大股東的口袋裡一點也不困難，當然，如果公司的管理者是沒有誠信的投機者，這就對公司的發展一點好處也沒有。

許多私營企業還會發行優先股和普通股，優先股保證付給一定的紅利，但是，不允許付超出規定的數額，即使企業獲得巨額的利潤也不行。有時，公司普通股的獲利會高達三十~五十%，甚至更多，而優先股所付的紅利是不會超過六~十%。

在過去的幾年裡，市場發行了大量的企業股票，完全地展示在毫無戒心的大眾面前。報紙上到處都是廣告，並且大部分是以明亮的字體和刺激感官的形容詞來印刷的，好像給大眾提供了只要最低成本，就可以快速致富的史無前例的、無與倫比的機會。前面的這些敘述，雖然是真的，但是並不能理解為所有的企業股票都是安全的，並不能代表企業具有有形資產，股民就能分到紅利。

法律允許私營企業合併，卻給欺詐行為提供了大好的可乘之機，使一些沒有價值的股票獲得了成功銷售的最大市場，並且使人們可以合法地欺騙，給詐騙行為和虛偽的銷售行為提供了獎金。雖然法律可以規範，但卻不能完全地控制，只要有小羊出生了，就有大灰狼等著吃牠們。

企業股票作為一種投資方式，它的實際優勢就是能給的紅利更多，要比從安全的債券那兒獲得的紅利多得多。一些企業股票所付的紅利有十%之多，有的甚至有五十~一百%，這也不是不可能的。但是，一般很少有安全的企業股票會付超過六%的紅利，除非是在股價狂飆的年代。

顯然，一些好的企業股票，有資產作保障，所付的利息也高，是不會以票面價格出售的。一般企業股票所付的紅利不平均，可能是一年高，下一年就低，它的波動非常大，但是最好的企業股票所付的紅利很少有不到售價的六％或七％的。

而企業股票的缺點包括：

第一，它的波動非常大。企業可能今年獲利很大，下一年就虧損很多。

第二，企業的管理層可能隨時發生改變。不好的管理不但會降低利潤，甚至會使企業破產。

第三，除了非法的信託公司，所有的私營企業都面臨競爭。這種競爭會削弱企業實力，甚至會使企業破產。

第四，發行股票的企業所擁有資產的內在價值，很少等同於所發行的股票價值，雖然，在一些情況下，資產的價值更高。

第五，一些設備精良，甚至先進的工廠，在破產拍賣時，也很少能拿得回投資的成本，破產的企業將無法恢復到原來的狀況。

第六，企業化的公司，通常由一個人或幾個人來管理。如果這些人出現死亡、殘疾、或不端的行為，很有可能會使公司破產，或者對股價造成影響。

在全國分佈著幾十萬家製造業，及各行業的公司，他們都向大眾發行股票，但是股民獲得的安全保障很少，也沒有多少獲得紅利的希望，除了第一次獲得過紅利，因為那是用來吸引投資者的誘餌。許多這樣的企業都是由投機者管理的，他們按照自己的利益來操縱公司，根本不管客戶是否有損失。雖然企業大部分的資金是來自小股東們，可他們卻控制著大部分的股票。當然，小股東們也有權力，可是想獲得這些權力卻是十分困難，因為大股東們是不會聽從小股東的抗議的。

我不會建議那些資金少、收入少的人去投資企業股票。如果這家公司的行業排名不高，管理不完善，沒有高級的商業人士和銀行家的推薦，那我會特別警告他們不要去購買這樣的企業股票，除非一流的銀行願意把公司的股票作為擔保物，否則，小投資者還是不要去碰它們比較好。

如果一家企業化公司的員工，所處的職位可以瞭解企業的聲譽和穩定性，那麼他就可以考慮把自己存款的一部分投資購買所在公司的股票，但是，他不應該聽公司裡官員的建議，儘管他很尊重那位官員，並且很瞭解他的人品，因為，任何有利益相關的官員都是有偏見的。如果股票值得買，那麼好幾家一流的儲蓄銀行就會接受它作為擔保，金融家和商人也會很熟知股票的安全性，並且他們並沒有利益在其中，除非他們也買了這支股票。最好的事情是你的老闆不會給你提供充足的理由，讓你購買公司的股票。

很多企業化的公司都嘗試著把股票分給員工，並且要看起來是作為一種恩惠行為，可實際上，這是一種虛偽的，不誠實的行為。所以，我又一次要建議那些員工們要小心，如果股票值得買，它的價值就是眾所周知的，那些可以信賴的人是不會去質疑它的，並且除了公司的官員，其他的人也會購買並持有它，但是，不管這支股票多麼好，只要把自己的全部儲蓄都做同一種投資就是不明智的。

不論怎樣，一定要避開那些狂轟亂炸登廣告的股票，和那些承諾給巨額紅利的股票。我相信那些大規模打廣告的企業股票一定是有問題的，而且，肯定是投機性的；大部分這樣的企業合併，只有一個目的，就是向大眾銷售股票，很可能他們做的生意已經名存實亡了，工廠也是老式的，沒有生產力了，利潤更是沒有什麼指望了。

那些發行股票的公司肯定曾經獲利過，雖然不是很大的利潤，只是這些企業老化了，但他們過去的經營紀錄還是可以當作廣告宣傳的。廣告總是說，企業在過去取得了什麼樣的輝煌成就，並承諾今後也會有巨大的發展，唯獨有目的地省略了企業現在的狀況。如果計畫書是真實的，那麼也是用一種掩飾的手法在講述事實，報告中所展示的是概述過去，省略現在，和推測未來。那麼，這家公司的股票幾乎就沒有什麼投資價值，甚至連投機的價值都沒有。

大部分一流的企業股票都是私下交易的，或者，只有很少的廣告宣傳，股票銷售所獲得的資金也全是用在企業發展方面。例如，一個羊毛製品的生產商把生意做得非常紅火，他絕對相信能增加出口，因此他可以這麼做：第一，增加利潤，但這樣，企業的發展速度還是很慢；第二，發行股票，加大股本，這樣不但使他在市場上有面子、有地位，並且他通過出售股票獲得的資金，還可以合法地擴大他的公司。成功的機會還是有的，但是還不足夠建議小額投資者和收入不多的人去購買這樣的股票，他們最好把錢投資在安全係數最大的地方，如儲蓄銀行，購買最好的債券和抵押貸款買房，或者其他有固定價值的證券。這些投資的波動都不大，而且也不受一個人或少數幾個人的操控。

如果從我個人的經歷來判斷（我曾經投資過很多的企業股票），我認為企業股票過分的、鋪張浪費的宣傳一點意義也沒有，根本不像宣傳中所說的那樣。如果公司有廣告宣傳中的一半可靠，一半知名，如果股票如廣告宣傳中所說的那麼值錢，那麼資金就很容易籌集，可以來自所做的貿易，和謹慎的投機商，他們還是願意冒一定風險的。

只要錢繼續貶值，並且有大量的閒置資金存在，那麼有好股票要出售的人就會吸引很多有錢人，並不需要為了向大眾推銷股票而花巨大廣告費。

一個欺詐性的、有問題的股票總是花大錢打廣告，因為這些股票很難讓那些有衡量能力的人去購買，所以必須賣給那些無知的、好哄騙的人，只要把包裝做好，他們就會買。

市場有著億萬美元的閒錢，還有那麼多的人等著要投資，所以很明顯，一個擁有幾十萬美元資產的公司，是不會花費一萬到二萬五千美元的資金來打廣告的。如果他們的股票值得買，只需找幾個知名的經紀人，花很少的傭金就可以賣掉。

那些小額投資者和收入不多、卻想投資企業股票的人，他們要考慮的問題是，買高利息但安全係數低的股票，還是買低利息但安全係數高的股票。企業股票現在付很高的利息，並不能證明這種利息會繼續，最初的紅利也許只是為了吸引新的股民，而在紅利背後所隱藏的訊息才最重要。

如果這家公司現在或曾經很成功，資產很雄厚，獲利還算不錯，並且有很好的管理，那麼一個人或幾個人的死亡或傷殘都不能對公司造成影響。如果這家公司製造和銷售的商品能長遠地滿足市場的需要，那麼小額投資者還是可以考慮這家公司的股票，雖然我會建議他們還是可以考慮一些比較穩固的投資。

所有的企業都是不穩定的，尤其是私營企業，沒有人能保證企業股票的固定價值和給付紅利的能力。我並不是堅決地反對小額投資者去購買企業股票，我只是建議他們，有其他的投資方式，安全性更高，雖然利息低一些。

大的投資商們和那些很有錢的人，會發現一支好的企業股票是投資，但也是投機。當一個人變得富有後，他能冒得起投機的風險和承擔得起損失，那他就有能力考慮各種形式的投資，雖然有的投資對小額投資者來說並不安全。好的企業股票是完全合法的，它們並不是些虛假的提案。

和這一章相關聯的是「欺詐性投資」（第22章），我建議讀者也好好看看，並不是因為企業股票是欺詐的，有問題的，而是每一種虛假投資都有損失金錢的危險，包括那些損失最快的採礦業計畫。

第20章 不動產抵押

不動產抵押一直以來都被認為是最安全的，是廣大投資者所使用的投資方式，除了那些無法積累下資金的人士。動產抵押是另一回事，是個人財產的扣押，如傢俱、車輛和衣服等。

抵押可以非技術性地解釋為一種抵押人和承押人之間的銷售發票，和普通的銷售發票不同的是，直到抵押過期了，承押人的所有權才到期。只要能夠如約付利息，抵押人在抵押到期日償還承押人的借款，就可以不受阻礙地取回他的抵押財產，或者，如果承押人同意，也可以提前償還。

雖然從法律的角度來看，抵押是一種真實的銷售或轉讓，承押人和抵押人都是受到法律保護的。承押人手中有抵押品；抵押人，雖然他的財產是被出售了或轉讓了，但只要他定期交利息，並且在到期日償還本金，那麼他的財產仍然是可以使用的。

抵押的財產，雖然某種意義上轉讓給了承押人，但事實上，這僅僅是歸承押人所有的抵押品，他既不能處置它，也不能去除或干預其中的任何部分，除非在抵押契約中有特殊規定，否則，只要符合抵押條件規定，承押人就不能有其他的權利。如果承押人出現對財產的干預，如濫用、改變、或使財產貶值，那麼抵押人就可以自由地支配財產。

一件財產的抵押和不動產抵押是一樣的，甚至更好，除非抵押包括了財產的所有價值，甚至更高的價值。承押人的權利要比抵押人的權利優先考慮。

如果財產要比抵押貸款的數額更值錢（折舊計算在內），財產的歸屬權沒有任何問題，並且有足夠的保險——只要有建築物，就要求投保，且保險公司是正規可靠的，那麼抵押就應該是可靠的、安全的，像其他的投資一樣。

不動產的抵押付給承押人三～六％的利息，有時甚至超過六％，但是六％以上的利息所犧牲的就是安全的保障。

大城市的房產抵押，包括幾十萬，甚至幾百萬的建築，很少有利率超過四％的時候，一般是不會超過三．五％的利率。這些抵押通常是銀行、信託公司和大的房地產公司持有。小額投資者從來不會考慮它們，除非是有間接的利益。

大型房產的管理人更喜歡低利率但安全性較高的抵押，所以大城市的房產抵押是他們最佳的投資方式。很少有莊園、農場和住宅的抵押會低於四%，在東部地區的平均利率是五%，在西部和南部都是五～六%。

利率通常是受到土地狀況和財務狀況的影響，通常安全性越高，利率越低。在經濟恐慌時期，資金緊張，但房子卻可以以很高的價錢出售和出租。

在東部，只要房地產所有人的借款沒有超過房產銷售價格的六到七成，他就不會付超過五%的利息。如果房產本身有固有價值，雖然這不經常發生，屋主可能會以五%的利率借款七成多；如果在房子建成之前就抵押借款，他可能要付五．五%～六%的利息。隨著房屋的建設進度，他也將逐漸地拿到借款。這個問題我會在第23章「該不該投資房地產」中介紹。

比起保守的東部，錢在西部和南部更值錢，因此也就會獲得更高的利息。但是，我並不向小額投資者和工薪階層們推薦這種高利率的抵押貸款形式，除非他很瞭解這座房產的狀況，並且那些保守的投資者也認為這座房產足夠安全，他才能考慮。

儲蓄銀行規定，禁止貸款額超過房屋實際價值或出售價格的六成，雖然這一條沒有明文規定，也沒有人會按照執行。例如，一間房子的總價超過一萬美元，那麼儲蓄銀行的貸款就不會超過六千美元。然而，這種情況只有在最保守的、管理最好的銀行才會出現，其他的人經常是冒著巨大的風險，接近全額貸款。但是，儘管他們超額借出，並不會受到什麼損失，只是降低了銀行儲戶們的安全保障。

某些時候，由於金錢的貶值和信貸業務的競爭，迫使一些儲蓄銀行和謹慎的投資者不得不冒著比正常情況下更大的風險，但是，幸運的是，這些風險都被均攤了，足以保證銀行避免意外的損失。

當貸款已經高達房產價值的八成或九成的時候，這種交易已經像投機一樣了，進行這樣業務的銀行，沒有一家是安全可靠的。

房地產的評估價格並不能體現出它的真實價值或銷售價格，但是，大部分情況下，都是低於銷售價格的。房地產的總價有兩個不同的意義：第一，敲槌子決定的是一種強行出售；第二，房主可以在合理的時間內出售房屋。在拍賣會上評估一項財產是不公平的，因為，在拍賣中售出的房產很少有獲利的。

估價也沒有一個統一的標準，判斷是最關鍵的因素。評估一個房產的價值，相對安全的做法是，先計算拍賣的價錢，再找保守的房地產專家來認定在有利條件下出售的價錢，兩者之間的差價再加上拍賣的價錢，就是這個房產的價值。例如，一個房產在拍賣時的售價可能是一千美元，保守的評估師會認為在有利條件下會賣到一千二百美元，那麼一千一百美元就是比較公平的價錢。以這棟房產作抵押，借出一千一百美元的六成到七成都是安全的，最好不要超過六成，除非房子的地段好，還有升值的潛力。

房地產評估師和其他人一樣，也是有偏見的，採用任何人的觀點都是不妥的，而且，你也不要只去詢問買方和賣方的意見。一流的商人都會擁有幾處自己的房產，因此，他們做出的判斷還是比較公平的。

找出房子的最低價是很難的，但是如果你只按照房子真實價格的六成貸款，還是很安全的，因為，很少有房產的價值會下跌四十％。

第二套和第三套房的抵押是附加的財產抵押品，第二套房做第一套房的抵押品，第三套房做第一和第二套房的抵押品。但是，它們已經沒有什麼價值，也沒有什麼安全性了，除非第二套房比第一套房更值錢，或者第三套房比第一套和第二套加起來還值錢。

承押人借出第一筆貸款時是享有很多權利的，但是這些權利並不會延伸到附加的抵押品上，只要保證金充足，第二套和第三套房作為抵押品還是安全的。但是，在一般情況下，我還是建議小額投資者遠離這種抵押貸款的方式，這種交易只能局限在有經驗的投資者，他們對房地產十分瞭解，能夠準確地衡量出房子的價值，也能承受起投機的風險。

還有一點值得注意的是，第二套和第三套房作抵押品要比第一套房作抵押品付出更高的利息。

第一套房或最後一套房作抵押品時，不論是保證金付得最多，還是利息付得最高，都不能保證投資是安全的。只有房產是有形的、可獲得的資產，不受市場波動的影響，產權清楚，保險良好，這樣的抵押貸款才是安全的。並且，抵押品的價錢要和房產的價值成比例，一個超過六成的貸款並不能認為是完全安全的，有時，七成也是絕對安全的，甚至八成、九成也沒有超出安全的範圍；但是，小額投資者們還是不要把他們的錢放在超過房價六成的抵押貸款上面。

一個好的抵押貸款並不是投機行為，一般來講，所付的利息不會超過所規定的數額，承押人也不太可能獲得房產，因為如果抵押品超出了它的表面價值，抵押人一定會想辦法防止財產被沒收，一定會保留他的房子。因此，好的抵押貸款只是一種投資，也只值它的表面價值，不會賠，也不會賺。

雖然抵押貸款在理論上是安全的，但是很多低等的抵押貸款，看起來絕對安全，結果損失巨大，原因有以下幾點：

第一，產權不清，這樣就使交易無效，給承押人帶來巨大損失。如果抵押人不是完全地擁有房產，承押人就不能獲得應有的權利。然而，產權名稱有問題經常可以花很少的錢就可以解決，因此，有問題的房屋產權已經很常見了，所以，直到你能確認房屋的產權才能夠進行抵押貸款。你可以找一個調查人查清楚產權的劃分，或者看看房產是否有保險公司的擔保。

第二，如果抵押的房產是侵佔的土地，那麼保險公司的火險保單是不會理賠的，或者只會付很少的一部分。如果是這種情況，承押人受到損失時，土地是不足以充當抵押品的，只有在有房子或其他的建築時，火險才能生效。大部分的火災保險公司都是可靠的，保單也提供充足的火險損失賠償。

第三，房產抵押貸款的最大風險也許是不安全的借款，承押人借出的錢要比房產的價值高。抵押人也許故意使房產的價值升高，讓人無法察覺，只有找專家來才能辨別清楚。

在這個國家，有幾千筆房產抵押都是貸款的數額超過抵押房產的價值，並沒有法律禁止超出房屋價值的抵押貸款。以值一千美元的房產抵押貸款一千美元是完全合法的，而且是會受到登記備案的。

投機商人和不可靠的房地產經紀人經常靠銷售抵押房獲暴利，他們把自己的房產抵押了，或者找一個中間人持有，這些抵押品登記的是全部的價值，甚至是超過房產本身的價值，但卻是合法的。他們把這些房產賣給小投資者和沒有判斷力的人，這些人也把他們自己抵押的房產掛牌出售，這些抵押品都超過房產本身的價值，然後再降價出售，但是抵押仍然還是存在的。例如，讓我們假設一個房產值五千美元，房地產商把房子抵押給一個中間人，然後拿回了五千美元的貸款，然後，他再以中間人的身分代理銷售該房產，把房產的使用權以五百或一千美元出售。買方付了一千美元購買了使用權，可實際上，他什麼也沒買到，他只是給了這個代理人一千美元。

在購買一個有抵押的房產時，不要認為它是安全的，除非房產的持有人是可以信賴的銀行或一流的投資者，即使這樣，也要進行全面的調查。許多人購買的房屋都是抵押品，直到付款買了所謂的使用權幾年後，才發現他們頭幾十期付款全部都白花了。除非你在房地產行業很有經驗，否則你對房產的評估很難接近它真實的銷售價格，而且你很有可能只是做表面的判斷，只以它現在的價值來衡量一個房產的價值，沒有把未來的因素考慮進去。顯然，一個房產的價值，取決於房子所在地段現在和將來的價值。一棟花了百萬美元所建的豪宅，卻位於偏遠地區，它的售價是不會超過一千美元的，因為沒有人想買。

在每一個國家都有很多宏偉的住宅，花鉅資建造，但出售的價格才僅僅是成本的一小部分。

房產的成本價值不要考慮在內，除非是和地點相關。花十萬美元建的度假屋，可能還不值它表面價值的一半。

環境的改變有時也會成為特別的因素。一個居住區今天還名聲良好，明天就變得聲名狼籍了；某條街的土地每平方英尺值一美元，可能五年後每平方英尺只值五十美分；建一家工廠就會影響住宅的銷售價格，建一家汽車修理廠就會使房價下跌二十五%。然而，在抵押到期的時間內房價貶值四十%的現象是不多見的。

例如，讓我們假設，以一個價值一萬美元的房產作抵押，你借出六千美元，房子和土地現在值一萬美元，你的抵押品現在和將來都是安全的。但是也很有可能，周圍建了一個工廠，或者有其他的情況出現，但在五年內都不會使房價降到六千美元，如果你的抵押品沒有超過這個時間段，你還是相當安全的。

在決定一個房地產的投資價值時，分析現在和未來的價值對你來說是很必要的，然而這經常很難做到，即使最精明的房地產商也遭受過巨大的損失，甚至許多都破產了。接受房產抵押是有一定風險的，雖然房地產商都不承認這一點。

不要接受未建成的房子作抵押品，要隨著建築的工程進度再逐漸付錢，除非土地的所有人是出了名的誠實，承包商和建築商也是正直的人。雖然，獲得一點額外的利息很誘人，但是，這樣的抵押品通常都極不安全。

許多住宅都是以分期付款的抵押形式蓋起來的。例如，讓我們假設，土地值一千美元，將要蓋的房子值五千美元。當房子建成時，房子就會值六千美元。土地的主人把他的土地和將要建的房子抵押出去，貸款了四千美元。承押人分期付錢給他或者給建築商，抵押人為這四千美元付利息，雖然要花好幾個月才能得到全款。承包商和建築商，甚至土地所有人自己都很容易犯錯誤，承押人不太可能懂得建築這個行業，很可能他付錢的速度要比建築速度快，這樣就給所有人和建築商把錢揣進自己口袋的機會，他們可能會停止蓋房子，把錢拿去做其他投機的事情。這種抵押貸款的唯一好處是它能帶來更多的利息。

雖然我說不動產的抵押是最好的投資方式之一，但是我不建議那些小額投資者和工薪階層接受房產抵押貸款，除非他非常懂得房地產這個行業，或者他有朋友能給他提供一些專業的、中肯的建議。然而，不論抵押品多安全，還是會使手頭的資金運用較為緊縮。不付一定的傭金和回扣，抵押的房產很難出售，也很難靠它去賺錢，雖然這個房產可能很值錢。

只能存下一點積蓄的人最好對銀行和債券四％的利息滿意了，直到有了足夠的資金，再去冒冒風險吧。對錢少的人來說，一點損失都意味著巨大的災難，四％的安全感要比高利息加上一點點的風險好得多。

第21章 動產抵押

動產抵押是除不動產以外的，對其他種類財產的一種合法的、註冊性的財產置留權利，通常是以傢俱、鋼琴、汽車、馬匹、馬車、船、衣服、首飾等個人財產作抵押貸款，大部分物品是正在使用或已經被使用過的二手商品，此外，還包括在交易的股票和各種商品。

抵押的財產可能仍會留在抵押人那兒，它通常還是可以被使用的，只是沒有承押人的同意，不能從一個地方轉移到另一個地方。

很多人，就是我們所說的經紀人或商業代理，他們就是靠這種抵押品貸款來謀生的。這本身就是一門生意，但只有那些懂得的人才能去做，因為，除了那些懂得鑑定價值和分析人性的人以外，一般人很容易失敗。實際上，任何人都不可能準確地鑑定出個人財產的價值，除非他有長期的經驗積累，成為這方面的專家，而能對人性做出判斷的人就更少了。

許多靠動產抵押來借錢的人都是十分不幸的，而自身並沒有什麼過錯，可能是由於無法預見的一些情況，經常也可能是奢侈浪費的結果。

他們可能是暫時的，也可能是長期的經濟困難；他們靠動產抵押借錢實在是出於無奈，或有十分緊急的情況。而且，經常，他們不能償還本金，連利息都給不出，結果，承押人不得不取消抵押品的贖回權利。

除非他是完全的鐵石心腸，沒有任何的同情心，否則，他最好遠離這個行業。當然，他有支配他的金錢的權利，但是，為得到這筆錢，他必須忍受精神和身體的痛苦，而且，經常會給一些無辜的或依附他的人帶來痛苦。

在任何情況下，我都不會建議小額投資者和工薪階層接受動產抵押，把自己的錢借出去，除非他是為了朋友這麼做，他的行為完全是出於友情的考慮。我反對他把這個當作一種投資方式，因為，如果他陷進去，以為這種方式是賺錢的好方法，那他註定會失敗的。

第22章 欺詐性投資

為什麼在我做的論述中不引用統計的資料，我有以下幾點原因。第一個原因是找不到權威性的資料。有一些事實和趨勢我們很瞭解，我們都深知有些事情是普遍存在的，但是卻無法用規則來測量，也無法用數字來統計。

我認為如果我表達了自己的觀點，是不會被指責誇大事實，或者用聳動性的言論來吸引讀者。比起任何其他的原因，我認為購買採礦業的股票或其他種類的股票是導致金錢損失、家庭破裂的最大根源。

這幾千個出現在大眾面前所謂的投資提案，都曾做過聳動效應的廣告，但除了承諾一些無法實現的美夢外，大部分的股票給投資者帶來了災難，就連他們的推廣者都知道不可能會實現什麼。他們只是以批發或零售的形式使人們和他們的資金分開了。這些股票的存在導致了廣大的中產階級中相當一部分不理智的人群出現了經濟危機。

沉重的損失，不僅給現在的生活帶來痛苦，也對未來的生活保障帶來影響，使男人女人們變得墮落，使孩子們的生活條件受到影響，經濟的損失要比任何其他的因素對生活影響都大。很多人的積蓄都是通過長時間的辛勤勞動獲得的，這樣的損失可能會導致人們無法享用充足的食物和必需的生活用品，我甚至認為，這還會直接或間接導致犯罪的存在和盛行，因為血汗錢的流失比任何其他的因素都更容易導致犯罪。如果這個觀點成立，我曾經聽有智慧的人說過，欺騙大眾、榨取錢財的人，他們導致罪惡的滋生要比他們自身的惡行更嚴重。

那些銷售和推廣欺詐性投資的人，通常是一些表面上看起來很有責任感的人，可實際上他們卻在有意地毀掉人們的生活，是在傳播疾病和貧窮。他們的行為是可恨的，對環境的改善沒有任何幫助；他們甚至還不配稱是墮落的根源，因為那些落魄的人犯罪，是因為情緒無法控制和心理或生理受到巨大的刺激。

這個表面有責任感，實際卻故意破壞他人的罪犯，獲得的卻是他不應得到的大量財富。社會如果不願意去費力的分辨，去調查一些人的品質，和導致嚴重後果的交易行為，法律並不是總能懲罰這樣的人，他還會繼續存在，並且會越來越猖獗。這樣不道德的人，儘管很壞，卻傷害不了他接觸範圍以外的人，但是那些欺詐性的推廣者和商業騙子們卻毀人無數，他們踐踏司法，是社會的公敵。

直到所謂的責任感變成真正的責任感，人們在學習生存中忘記痛苦，參與到政治當中，擔起市民應盡的職責，那樣才會有一種抵制邪惡的辦法，那就是告訴公眾事情的真相，公眾們如果願意就不會再停留在無知的平靜當中。

有這類人所製作並推行的計畫，都是極其複雜和狡猾的，除非你研究過這個問題，並且瞭解人性的險惡，否則即使有判斷能力的人也無法理解這些金融大鱷們是怎樣一次又一次欺騙老百姓的。你可能還無法理解大眾的無知和輕信，更不能體會到想致富的瘋狂欲望，不僅要快速，而且要以花費最少的時間、思考、精力和金錢立刻致富。

人們是多麼渴望不勞而獲，以至於我會相信，人可以創辦一個彩票公司，靠彩票的收入來支付國家政府的日常開銷，而彩票是在公正的條件下進行的，不像那些被操縱的虛假的發財計畫。

這種賭桌上的直覺仍然是我們民族的特點，並受到社會每一個階層的鼓勵和縱容。不斷進化的撲克牌，橋牌和摸彩袋，在他們所描述的責任感下，都在給我們的孩子灌輸對賭博的熱愛，讓他們提前體驗一下賭博的樂趣，但我總覺得他們帶來的傷害，要比從彈子房和彩券商店帶來的傷害更大。

值得尊重的人做錯的事，要比任何其他形式的犯罪更有危害性；值得尊重的人犯的小罪，要比上法庭的大罪影響力更大。

現在的趨勢是付出最少的努力，支出最少的時間和金錢，來換取最大的收益，那就是去投機，去賭博。你要清楚這一點，這種現象到處都是，無論是在商場，在工廠，在家庭，甚至是在學校，在教會——金融騙子們撒下了網，打上來許多既努力又愚蠢的魚。

全國都充滿了誇張的礦業和其他行業的廣告，這些廣告看起來會保證給你一切，但是他們的這種保證比寫擔保的紙還不值錢，因為沒有廣告印在上面的時候，這些紙還是值些錢的。

這些昂貴的廣告，許多都是花了好幾千美元做的。顯然，如果這些股票沒有回報，就不會有這麼多廣告出現；如果人們不閱讀這些廣告，不去購買廣告上所宣傳的股票，這些股票就不會有回報。

現在最明顯的騙子就是所謂的礦業公司，有的甚至都沒有礦。在許多情況下，他們的資產包括豪華的辦公傢俱，但這些都是租來的，還有穿著考究的職員，和印刷精美的宣傳手冊。通常，某一塊土地有合法的產權，也許是一大片土地，足夠在大比例的地圖上留下良好的印象，為想像的空間提供物質的基礎。

以我的觀點，這些嚴重依賴廣告的企業，一百家裡有九十九家是既沒有投資，也沒有商業計畫的。在他們的地產當中是沒有礦的，即使有礦，不是不獲利的，就是離鐵路太遠，礦石運不出去。許多這類的礦都宣稱位於著名的、利潤高的礦旁邊，推銷者就會說接近產礦地區，說明我們會有市場銷路好的礦石。這種說法是不符合邏輯的，是沒有事實依據的，接近產礦地區說明不了什麼，也許只是些零星分佈的小礦。好的礦分佈的地區是既有沙漠，也有綠洲，礦石是按礦脈分佈的，一個聲稱接近好礦的礦，並不能證明它就是產礦的。

偶爾，詐騙公司擁有能夠生產大量礦石的礦，礦可能真的存在，礦石也經過可信賴的分析證實是品質好的，但是，大部分情況下，這些礦都位於離鐵路比較遠，運輸的成本是會影響利潤的。

我想起一個曾經到過我的社區的推銷者，他長得很討人喜歡，穿的衣服也合身，手錶鏈也不太寬鬆，正好符合紳士的標準，他的領帶別針上鑲的鑽石尺寸大小也正好。由於表現得非常謙虛謹慎，這也給了他一次誇張宣傳的機會，他被介紹給大家；如果他穿著晚禮服，那些所謂的值得尊重的人就會把他介紹給他們的女兒，這個階層的人認為一塵不染的襯衫要比一塵不染的心靈更重要。這樣，他就有了觀眾。

他拿出了隨身帶著的礦石的樣品和礦的照片，還有權威專家的分析報告，這些調查顯示了他沒有誇大出產礦石的能力和礦石的品質。好幾百人，包括那些知道應該理智一點的人，都把錢投到了他的礦裡，而要不是裡面的一個人過於精明，這些人也不會這麼做。他和一個住得離礦很近的人很熟，他給那個人寫了一封信，並講述了事實的真相，並要求電報回復，結果回覆的消息是：「礦大、礦石多，但是要很費力才能運到鐵路旁」。

既有數量，也有品質，就礦石而言，推銷者沒有誤傳，也沒有誇大。他能證實他說的每一句話都是合法的，但是，他也有意地忘記向將來的投資者提起，他的礦因為地理位置的原因，可能永遠都賺不了錢。

如果你能仔細閱讀一般採礦業的計畫手冊，你就會發現，它好像在講事實，好像能保證一切，但在法律上卻是不負責任的。也許只是一個擅長搞文字遊戲的專家寫的，他可以讓無成有，讓少成多。

總體上來講，宣傳手冊只是大體上介紹財產，而不是公司所擁有的財產。宣傳手冊裡都是插圖，而且有一些都不是實景拍攝的，宣傳手冊介紹更多的是企業的未來，而不是現在，有時候，說的話還自相矛盾，雖然看起來好像什麼都概括了，可是實質的內容說得卻很少，而且，十有八九，資料都是偽造的——只是一個吸引傻子的印刷品。

認真分析普通的採礦計畫書，就會給有理智，或有一半理智的人提供足夠的依據，採礦是不值得投資的。然而，不幸的是這些有理智的人根本不考慮這些建議，也不願費力去警告大眾要小心，所以，那些愚蠢的人，由於天生的或後天形成的無知，竟讓貪婪佔據了整個大腦。

照像機是一個非常順從的僕人，最特別的作用就是提供服務，你想要什麼樣的照片，它就能給你拍出什麼樣的照片。如果你處理得適當，是看不出任何區別的。大部分的照片都是為了誇大效果而設定好的，或者照片拍攝的根本就不是公司的財產。如果攝影師很專業，就可以把很難看的事物拍得很漂亮，或者在廣告中，用別人的財產來代替自己的。

一個誠實可靠的一流礦業專家最近做了一個採礦行業的報告，他手中拿的是三家採礦公司的宣傳手冊，可以說每一個都是印刷業的傑出作品。這位專家說：「據說這些公司位於布蘭克鎮（就是不存在的小鎮），企劃書中對公司作的整體評估是五百萬美元，他們的股票是十美分一股，但是他們保證一年之內，他們的股票將會達到一美元一股。我住在布蘭克鎮，我是鎮長，我是布蘭克國家銀行的總裁，但我從沒有聽說過這些公司，雖然我應該和所有的居民一樣瞭解我的城鎮，布蘭克鎮的人口不超過二千五百人，可是它卻隱藏了價值五百萬美元的財產，以至於它的鎮長和行長都沒有懷疑過。」

事實上，很多廣告宣傳的採礦業的股票並不值宣傳介紹的價值，從安全的角度來說，那些靠廣告大肆宣傳的股票，若不是欺詐性的，就是有問題的。

許多公司都發紅利，或者看起來會發，但是紅利是來自購買股票的錢。愚蠢的買家以收紅利的形式收回了一部分的投資，但是紅利並不代表公司是獲利的。

付紅利，甚至付很大的紅利，都是很容易的；當股票快速地賣出去，就有足夠的錢可以當誘餌來用，而上等的紅利是指那些賺來的紅利。任何的推銷者都可以付給你大筆紅利，只要股票賣得好，有大量的資金可以用來作紅利。例如，你花了一百美元買股票，即使推銷者承諾讓你賺本金一半的紅利，他也賺錢，他以這種付紅利的投資方式作誘餌，你和你的朋友最終也會上鉤的；換句話說，為了建立信任，他還給你一半的錢，他還是賺了你另一半的錢。

我曾經想嘗試解釋這個原因，詐騙者是怎樣一次又一次地掠奪百姓的財富，下面的這個故事正好說明了這個道理。

一個詐欺計畫的推銷者和他的朋友在酒吧抽菸，他們抽著一包五十美分的香菸，這是他們能消費得起的價位，然後就有了下面的對話。

他的朋友問他：「布蘭克先生，你是怎樣銷售掉你公司的股票的？尤其是天底下的人都知道，你自己也清楚，你們所謂的資產根本不值一分錢，你我都明白是不可能賺到紅利的，顯而易見，那只是騙人的把戲。」

推銷者並沒有生氣，他們永遠都不會生氣，他們的面部表情像金屬一樣僵硬，他們的良心像被鐵包裹著一樣。他們賺了太多的錢，感到太滿足了，以至於面對質問，也不會被激怒，語言的打擊根本傷害不了他們。

推銷者說：「我的朋友，走到窗邊去，數一百個路過的行人，當你數到第一百個時，告訴我。」

幾分鐘後，朋友數過了一百個人，並告訴了那個推銷者。

推銷者眨了眨眼睛，然後說到：「他們當中有多少人是真正為自己著想的？他們當中又有多少人懂得書本以外的知識？」

朋友默默地吐著煙，看著煙圈慢慢地上升和消失，然後他說：「我應該算一個，也許不到一個。」

推銷者起身拍了拍朋友的後背，然後大聲說道：「我把股票賣給了九十九個，甚至更多的人。」

有些開發商做的宣傳是如此的奢侈，是如此的不真實，極度地言過其實，經常用一些幽默的手段來吸引你，他們經營得如此成功，更加證明了相當一部分的中產階級，他們自認為有頭腦，有判斷力和理解力，可實際上他們的智慧是滋生在愚蠢之中的。

最近，一個推銷者成功地售出公司的大量股票，這家公司表示要經營（或者只是聲稱要經營）一家養貓的農場。公司發布的公告印在了光面紙上，外面還有附插圖的封面，推銷者說這家公司會養一百萬隻貓。聰明的統計學家和數學家，以多年來科學成就的分析為基礎，沒有任何的限定和保留，估計每隻貓平均一年能產十二隻小貓，第一年年底的時候，我們手上有一百萬隻原始貓，積累下來的利潤是一千二百萬隻小貓，淨資產是一千三百萬隻年齡不等的貓。推銷者保證每隻白色貓皮能賣十美分，每隻純黑色貓皮能賣七十五美分。他對未來的想法是無懈可擊的，他粗略估計一千二百萬隻貓皮，每件平均賣三十美分，那麼一天的毛利潤就有一萬美元，同時，還留了一百萬隻貓用來繁殖。

推銷者向未來的股票購買者承諾，一個專業的男工和一．二五個專業的女工，一天能剝五十隻貓皮，一天的工資是二美元。這樣需要用一百個人去農場工作，一天的純利潤是九千八百美元。

他還建議旁邊再蓋一個養鼠的農場，養的老鼠可以作為貓的糧食。老鼠的繁殖速度比貓快四倍，所以，一百萬隻老鼠可以每天給每隻貓提供四隻老鼠作食物。這個優秀的推銷者簡直就是發現守恆定律的人的曾孫，因為他毫不費力地就想到了餵養老鼠的辦法，他說，貓的屍體是不能同皮一起出售的，但是卻可以讓老鼠吃，一貓夠四隻老鼠吃一天的。

即使是最遲鈍的投資者也能看出，這是一個自給自足，循環反復的經營方式。貓開始時吃老鼠，老鼠在沒被貓吃掉之前，吃貓的屍體，然後公司得到貓皮。

這個想法並不是完全的原創，是基爾肯尼貓理論的一種經濟上的體現。推銷者並沒有把它進一步的深化，而且，還顯示出巨大的生物知識的無知，因為他在把老鼠餵貓之前，並沒有剝老鼠的皮。這種浪費毫無疑問是可以被彌補的，那樣就能使股票更值錢。

想要購買股票的人被嚴格要求打電報預定，否則他們就可能沒有機會在這個即將擁有巨大利潤的公司裡參股。

上面講的那個計畫，看起來是有些荒唐的，因為無論是發給大眾的公告，還是推測會獲得的利潤，在判斷和資料方面都來得太直接，太簡單。

任何事情都有一個，也必須有一個存在的理由，並且所有的事情都要有一個合理的結局。如果這個投資像推銷者說的那樣有價值，那麼還有必要那樣費力地推銷股票嗎？

我們的金融中心裡到處都是閒錢，錢很多，並且貶值了，因為有那麼多有錢人在等待投資的時機，一個擁有優秀計畫的人會那麼困難地籌集資金嗎？如果產品本身有足夠的內在價值，哪還要那麼費力地去宣傳和印製精美的計畫書？如果股票值推銷者所說的價錢，那他會低價出售嗎？當然不會，推銷者做宣傳是為了找到那些愚蠢的人，因為只有愚蠢的人才什麼都買。

眾所周知的是，大的礦主雇了一批員工，他們是「偵查工人」，每一個都是有經驗的礦工。當一個新礦開發了，有經驗的礦工有理由相信礦坑裡是有礦石的，這些偵查工人找到了在採礦公司工作的職位。他們很容易就發現礦坑的價值，並且向他們的雇主報告，如果他們說這個礦非常有利可圖，一般懂得開礦價值的投資人，會買下這個礦，或者對這個礦格外關注，股票是絕對不會大張旗鼓地宣傳的。

美國礦業的最大利益所在是管理好所有好的礦，這些礦的股票是不會以低於票面價格賣給大眾的。

我想我們可以總結出一點，那就是，所有的礦業股票，只要低於票面價值的都是不值錢的，或者說價值很小，無論從哪個角度來看都是不安全的投資。

就我的經驗和調查來看，我一定要強調這一點，我從沒聽說過哪種礦業股票，或者任何其他類型的股票是能賺錢的，是有價值的，其原因在於這些股票每美元的回報率只有幾分錢，但卻總是過度的宣傳。

我認為那些低於票面價格出售的股票，如果做大規模的宣傳，肯定是有欺詐的因素在裡面。另外，只要廣告宣傳說股價會在三十天之內，或者某一特定的時間之內升高，我就要建議投資者們一定要遠離這些股票。

合法股票的漲跌原因是由於需求的增加和減少，也是由股票的固有價值來決定的。這種改變的日期是無法由金融家們或任何其他人設定的，因為沒有人能預測股票未來的價格。如果股票在三十天之內一定會上漲，那麼推銷者和他的朋友應該把股票全買下來才對啊。他們怎麼能那麼博愛，讓大眾都參與分享利潤呢？

我要建議每一個投資者，只要宣傳中說這是為了慈善事業，這是為了讓更多的人都獲得利益，那麼你就要遠離這樣的股票或投資。我認為在宣傳中，只要推銷者表現出來想做好事，想和大眾分享他的利潤，任何這樣的言論都有足夠的證據表示，這是預先策劃過的詐騙行為，並且，一定數額的股票被賣給一個人，也可以考慮有欺詐的嫌疑。

在商言商，是沒有任何感情可言的。賣方出售，因為他想賺錢，他是從來不會關心買方的。

遠離那些聲稱讓你在最低點入股的公司，這個位置通常都是推銷者佔據的。大眾在快要漲到最高點時入股，那還算幸運，最不幸的是，剛入股，股票就暴跌了。

通常的理論是不要購買任何宣傳過度的投資，除非宣傳的語氣適中，規模較小，並且一定有值得信賴的銀行的簽字擔保。

在投資礦業股票或任何其他的股票之前，我建議你要做充分的調查研究來保護自己的財產。首先，要調查推銷者和其他相關人士的身份和聲譽，也許，大部分都是不出名的，或不被人熟知的，但是詳細的調查可能會讓你發現他們當中有些人正在被起訴，或者曾經上過法庭。

偶爾，一些好人的名字也會出現在公告當中。這是很容易做到的，因為很多有聲望的人都對經商的模式一竅不通，因此，很容易讓那些巧嘴滑舌，穿著講究的人給說服。

偶爾，你可能在公司的通訊錄裡找到神父的名字，他可能是非常誠實的，但是他並不瞭解公司真正的情況，如果他知道真相，是不會參與的。

因此，我要提醒你注意那些有牧師、醫生、或其他專業人士背書的公告，不論他們多麼的誠實，你都要小心，因為他們不是好的商人，他們很容易就上當，允許自己的名字被使用。只要已出現這些人的名字，你就要考慮這裡面有詐騙的嫌疑，他們的無辜和無知，並不能給你帶來任何的保護。

認真分析辨公人員和董事的姓名，有些人可能是這樣被介紹的：「約翰．布蘭克，任職於約翰．布蘭克公司。」這樣的公司也許根本就不存在。還有一件事要注意，有些公司的董事也擔任銀行的總裁，這也不要太在意，除非銀行的信譽度非常高。還有很多銀行和信託公司，根本不值得公眾的信任，它們只是實施詐騙計畫的輔助機構。

除非公司的管理人員非常可靠，人品無可挑剔，名聲要比一般人都高，否則，就堅絕不要購買該公司的股票。但是，即使那樣，我也要建議你要小心，除非你是一個職業的投資客，否則，沒有冒投機風險的權利。

在購買礦業股票或其他種類的股票之前，我建議你先去拜訪一下銀行的總裁和出納，請這些人讀一下公司所發行的宣傳手冊。如果所有的人，或大多數人認為這項計畫很好，那你才有購買這家公司股票的理由；但是，只要有一個人投反對票，我就建議你還是放棄吧。

不要輕易相信任何專業人士在金融方面的意見，除非他非常有這方面的敏銳力。另外，也不要過度依賴商人的建議，不要讓任何一個商人來替你做決定。

如果有支股票非常值得投資，那麼至少有一半的一流商人，不僅會建議去購買股票，而且他們自己也會購買該股票作為投資的。

不要關注推銷者說的任何話，除非有幾位有聲譽、有地位的商人建議你去做這項投資，否則，絕對不要購買；但是，也要小心那些為股票說好話的人，因為他們可能間接地被推銷者雇傭了。做個小調查就會發現，大街上推銷的股票要比公司出售的價格低得多。

你可以想一想你認識的人當中，有多少個是靠購買礦業股票或其他廣告宣傳的投資產品而獲利的呢？你直接或間接認識的人當中，有多少個人會有重複購買股票的行為？

股票的買賣是屬於金融家們的事情，是屬於那些輸得起的人，是屬於那些能冒得起風險的人。即使成功的機會非常大，我還是建議小額投資者們遠離股票吧。

讓你的理智占上風，這樣才能管好你的口袋，抑制住你的愚蠢行為。你一定會做些傻事，因為我們都免不了會做傻事，因此一定要把你的錢放在安全的地方。即使只知道一點常識的人也知道，也應該知道，如果股票像推銷者說得那樣好，它是不能只賣幾美分，或者任何低廉的價格，尤其是當全世界的保險櫃裡都放著過多閒錢的時候。

如果礦主沒有足夠的資金去開發他的礦，但他的礦是個好礦，那麼他是從有閒錢又懂得投資的人那裡獲得資金容易賺錢，還是花幾千、幾萬美元打廣告出售股票更容易賺錢？

另外一個判斷股票好壞的辦法是讓推銷者把三個月、六個月或九個月之前購買股票的人的姓名和地址告訴你。去拜訪一下這些人，或者跟他們取得聯繫，看看他們是否已經打算賣了，或者他們是否願意在目前的價位購進更多的股票。

沒有朋友的人算不上什麼好人，所以沒有推薦的投資也算不上好的投資，只會是不安全的，不值得考慮的。

另一個測試股票或其他債券好不好的辦法，就是問一個保守的銀行總裁、出納或者其他的官員，願不願意貸款給這家公司，結果就意味著他是否願意接受股票作為抵押，以票面價值的八成進行貸款，還是以較低的利率進行貸款。只要大型的銀行願意接受股票作為抵押物，並以它票面價值至少七十五%進行貸款，這樣的股票才值得投資，否則它就不值得去買。

再有一個測試股票的好方法是去一趟推銷者的辦公室，或者給他寫封信，詢問一下股票的售價，然後，以一個朋友的名字，去諮詢同一個推銷者，看看他會給你多少股份。例如，讓我們假設，股票的報價是每股十美分，推銷者十分肯定地說一年之內每股會值一美元。如果是這樣，金融家們會買斷所有的股份，推銷者會十分樂意以稍低於股價的價格回購所有的股票。去試試看，他現在賣你十美分一股的股票，他是不是會以每股一美分的價錢回購，這樣，你就會知道真相，除非他知道你在做測試，或只是為了宣傳的目的購買幾股股票。

在「企業股票」那一章裡，我曾警告過讀者要注意欺詐的投資行為。每一種資產，每一種生意，在推銷過程中都有不誠實的行為，但是大部分有問題的、不可靠的公司是從事採礦、石油、土地、工業資產等行業，主要是因為這樣的企業可以使他們有機會添加色彩、誇大事實。

是的，儲蓄銀行和債券付的利息非常地低，但是有保障的一點點利息也比付給你的水中撈月的大額利息要好。利息雖少，也比拿著你的本金去冒巨大的風險要好得多。

「只要有疑慮，就不要去做。」這是一個相當安全的投資法則。

第23章 該不該投資房地產？

唯物主義論者認為，沒有房子值得買，除非房屋的居住者能夠擁有全部的產權。他們對住在公寓裡的人和住在寄宿家庭裡的人有一種複雜的感情，既可憐他們，又同情他們。站在講臺上的教育家和站在講臺上的政治家告訴我們，國家的強大和完善，在於人們是否能管理好一個家。他們希望在新的千禧年的太陽從地平線上升起之前，每個家庭都有自己的家，擁有一塊土地，並在上面蓋一幢房子。

我不會貶低物質的家和付房租的家的價值，我還是相信人最好有一個自己的家，而且獨立的住處要比像公寓和寄宿家庭等共同居住的地方好。我願意相信，真正的家既是物質的，也是心靈的，所以，它不完全取決於物質的條件和環境，毫無疑問，只有心靈的家園和物質的房子相結合，才能創造出更美好的人生。

建設家園的想法，雖然表現出來的是物質的，但是它受到了國家和政府的鼓勵，也受到了每一個關注現在、準備未來的人的支持。

也許最健康、最滿意的家的物質形式就是獨棟的房子，並有獨立的院子，若是衛生和其他的生活設施都齊全就更好了。顯然，這樣的住宅不可能建在市中心，必須建在郊區或鄉村，然而，不幸的是礙於工作和生存，使得幾百萬人不得不居住在大城市，只能偶爾抽點時間才能去鄉村看看。

只要沒有被無法避免的不利條件所限制，沒有被當地的條件、距離和行程所限制，那麼看起來並沒有好的理由阻止我們去努力擁有並居住，或者只居住不擁有，一戶獨立的、帶花園的房子。

父母也是有權利的，他們的權利不應該都為孩子而犧牲了。當有必要做出犧牲的時候，除了有疾病和身體虛弱的人以外，其他的家庭成員應該共同承擔，犧牲不應該只落在一個人的身上。

雖然，我反對在城市的公寓裡養大孩子，但是我一點也不同情太感情用事的人，他們的論調讓辛苦工作的父親們只好選擇搬到偏遠的、交通不便的郊區和鄉村，而這些父親們的工作使他們每天必須早出晚歸。養家糊口的人的健康和孩子的健康是一樣重要的，兩者我們都應考慮。

雖然城市的公寓很破，但是對一些人、一些家庭來說，還是要比郊區的房子好。不是公寓本身好，而是公寓周圍特有的環境好。

城市生活也有它的優勢。住在公寓裡的人，只要他願意，也能長壽；只要人懂得照顧好自己，無論住哪兒都能健康，個人的保養和舒適的環境一樣重要。鄉村的開闊空間對健康的益處被高估了，城市的水雖然受了污染，但也比從鄉村井裡打上來的水乾淨，城市的衛生條件也比農村好，在城市居住的人離他上班的地方更近。因此，對一些人來說，住在公寓裡更好，只要他們居住在城市裡比較優質的社區裡，這樣比他們花很多時間在無聊的路途中要好得多。他們總是擠在通風不好的車廂裡，也總是以犧牲時間和舒適作為代價。

但是，對那些能夠負擔得起的人，我還是會熱心地推薦郊區和鄉村的房子，或者甚至是郊區的公寓，因為總體上來講，鄉村，尤其是開闊的鄉村，要比城市的街區好得多，而且也是適合孩子們生活的地方。

但是，不要忘了一點，只要精心照顧好身體，你的家人在哪兒都能健康地生活，和環境相比，悉心的照顧對健康更有幫助。在每一個社區，在每一個環境裡，人們都有生老病死，但是，還是要首選郊區和鄉村。

在城市裡收入少的人，是不可能在城市裡買公寓或者房子的，如果他想有一個屬於自己的房子，他必須把地點設在郊區或鄉村，這一點在剛結婚的年輕人身上表現得最明顯，他沒有足夠的錢，無法全款買下一個還不錯的房子，他必須等上相當長的時間，或者抵押貸款買房。

是等到自己有錢再買房好呢？還是住在一個抵押貸款買的房子裡好呢？哪一種方式都很好，事實上，城市裡九十五％的住宅，和鄉村六十％的房子都是抵押貸款購買的。這種現象很普遍，所以很難來反駁抵押貸款買房的壞處。

無論是經濟學家，還是慈善家都一致認為，貸款買房安家總比無房無家要好，只要還貸款不要成為負擔就可以。

向銀行抵押房屋貸款總價的六成到七成五都是很容易的，儲蓄銀行，或者其他的借貸機構也在尋找好的房地產出借資金，如果抵押的房產令人滿意，房貸利率一般不會超過六％，通常只有五％。

在新英格蘭地區和東部的其他地區，付五％的利息就能獲得貸款；在西部和南部地區，付六％的利息才能獲得貸款。例如，讓我們假設，一個有家的男人，收入穩定，他有足夠的錢付買房子和土地三到四成的費用，我會十分肯定地建議他，在貸款不超過七成的情況下買房子。我認為抵押貸款的部分不要超過六成，當然，買房的條件是屋主打算永久性地在城鎮定居，而且所選的地點也要不會貶值。我不建議任何人做大額的抵押貸款，這樣他在他的房產上等於沒有產權一樣。

經營房地產是僅次於農業的、最不容易賺錢的方法，房產不管好壞，都不能隨意處置，它不像債券和股票那樣容易交易，也不太容易把房子租給一個好房客。很多優秀地段的房子閒置了幾個月，甚至幾年，有十～二十%的人，租了房子卻總是拖欠房租，或者根本不交房租。

我會特別推薦那些有家的人，或即將組建家庭的人，只要他們願意定居下來，並能擔負起養家的責任，那他們就應該去買房。買房當然是一種非常好的投資方式，你仍然能看到你的錢，還能觸摸它，還能和它一起生活。買房還鼓勵勤儉節約，對提高人的名聲和促進家庭的穩定都有好處。

數十萬的家庭都是以分期付款的方式購買房屋，每個月他們都付一部分的錢，而這部分的錢一般是不會超過一個月的房租。這筆錢會轉作本金，當所有的錢都付清後，他們就能擁有全部的產權，或者雙方約定，在付清一定數額的房款後，產權歸購屋者，餘款將作為抵押。只要購屋者確定自己能還清貸款，那麼這是一種非常好的購屋方式；但是，對那些收入少，並且不穩定的人來說，永遠不要嘗試這種方式，如果協議中有這樣的條款：「購屋者不能付清所有的房款，那他已經付的房款將被沒收」，那麼就千萬不要簽購屋協議。

這種購屋方式非常普遍，所以很多地產投機者和地產騙子都利用這種方式來騙錢。他們透過大規模的宣傳和虛假的說詞，騙取了大眾幾百萬美元；他們通常在好地段的附近購買廉價的土地，然後以完美的方案吸引人，設計現代化的街道，和增加生活必備的設施，但是很多街道和設施也只出現在紙上。許多土地都是以超低的價格出售的，經常只需付非常少的錢，像五美元一樣少來作頭款，其餘的分期付款。土地開發商承諾以規定的價格建一處房子，然而這個價格總是比房屋的真正價值要高一些，而這個方案吸引人之處是：交易簡單。很多收入不多的人就會上當了，因為他們能負擔得起一個月幾美元的房款，可最終他會發現，他不是損失掉已經付的房款，就是要比房屋的真正價值多付二十五～五十％。

分期付款購屋的理念是完全合法的，對工薪階層也是非常有利的，但必須注意的是，人們要遠離那些土地的陰謀計畫，和那些過度宣傳的建案，還要避免選擇位置不佳的房產。我還要建議人們遠離那些過度宣傳的房產，和炒得過熱的土地，除非保守的房地產經紀商也很認同房子的價值，雖然他對該房子沒有興趣。

在購買任何房地產之前，無論是空地，還是房子，你都要諮詢至少兩位一流的、有房產的商人，因為他們能夠判斷房地產的價值。那些有房產要出售的人的話，永遠都不要信，銀行的官員們通常也十分瞭解房地產的狀況。

也有些人是貸款蓋房子，他們完全擁有土地，貸款是隨著工程的進度付給他們的，雖然建築還要好幾個月才完成，所以有的錢還沒到手，但按協議規定，他們必須以貸款總額來付利息，通常他們要多付一%的利息，理由是因為借方冒的風險更大。我並不反對這樣的計畫，因為它有一定的優勢，可能這經常是獲得一個房子的最佳辦法。

雖然我很反對欠債，並認為只有沒有債務的人生才能更容易獲得成功，但是我卻相當確定，抵押貸款買房總比沒有房子強。小額的房產抵押貸款沒什麼問題，只要抵押人不覺得有壓力，就不會成為他邁向成功道路上的絆腳石。這會給他一個擁有屬於自己的家的機會，也會成為他存錢的動力。只要地點和其他設施都完善，就沒有比購屋更好、更安全的投資了。

當把錢投資在自己的土地上，並在上面蓋房子，那獲得的收益就不僅僅是金錢了，但是，還是要小心，過度的小心總比草率好。如果地點不好，或者有貶值的可能，那這項投資就不是很好，很可能招致巨大的損失。然而，改變總會發生的，許多好的地點在幾年後竟然變成不好的了；一個好的住宅區也是沒有保證的，附近只要建汽車修理廠，或者工廠，就會影響房價。

房地產的價格受地點和周圍房產的影響，房子的價值不僅取決於它的建築成本，也取決於它的地點。例如，一棟用磚砌的商業大樓，花了十萬美元，卻建在了住宅區，那它的價值遠遠趕不上位於商業區的樓房的價值；一個一萬美元的住宅，卻建在了小村子裡，那它在市場上的售價不會超過成本的一半；一個建在荒山野嶺的豪宅，不會比山那邊的隱居者的帳篷更值錢。你花多少錢蓋房子並不能決定它的價值，因為房子的地點才是決定因素。

雖然我會建議成家的人去買房，但前提是他能負擔得起這筆費用，並且他的收入是穩定的，否則，我不會建議他把所有的錢投在房子上，不論是為有個家，還是為了投資。

把你所有的錢都投資在房產上是不明智的決定，這樣會使你手頭沒有現金，沒有現金就不是很安全。例如，讓我們假設，你能負擔得起一棟三千美元的房子，如果你只有一千美元的現金，並且付頭款時要用掉這一千美元，那麼就建議你，還是等一等；但是，如果你有一千五百美元到二千美元的現金，你可以用一千美元付頭款買房，餘額可以留作他用。畢竟有家的人還是要留一些現金以備不時之需，如果把錢都壓在房子上，是很不容易快速兌換現金的。

不管你擁有多少產權，用抵押的房產籌集資金是十分困難的，不僅要多付很多的費用，還要耽擱很長的時間。手上留有現金是應急的唯一方法，除非你有多處房產，並且信譽良好。沒有房子比沒有錢還是好一些的。

我要再一次強調考察的重要性，在購買任何房產之前，不但要考察地點，還要看看周邊的環境，而且還要有好的律師認真檢查執照和保險公司擔保。成千上萬的人由於買房子損失了所有的財產，因為市場上總是有無法預測房價下跌和不良產權的個案。當然，想有完全的保證是不可能的，我們必須冒些風險，所以，理智而持續的調查，在很大程度上可以幫助你避免損失。

不要過於相信自己的判斷力，除非你在房地產行業工作，或者擁有大量的房產，否則你不可能準確地評估房產的價值。去諮詢那些懂房地產，但是不感興趣的人，不要輕易相信任何一個人的建議，也不要幻想擁有房產會使你走向成功，成功的因素是複雜的，房子有一定的作用，其他正確的條件也起一定的作用。你沒有房子總比你有房養不起好得多，但是做出正確選擇的人，無論在哪兒，無論在什麼條件下，都能買到一處既賺錢，又能帶來幸福的房子。

住在公寓裡，但是有家庭氣氛，要比住在宮殿裡，沒有家庭氣氛好得多。雖然有的人住在城市骯髒、昏暗的住宅區，但是家裡卻充滿了歡聲笑語，這要比住在有玫瑰花園，但卻沒有愛的房子裡更好，對人的成長更有益處。

不是房子，而是男人和女人，才能組成一個幸福的家。

第24章 人壽保險

人壽保險的問題是一個重大的話題，人們對它持有不同的觀點，並且不斷地受著時間變化的影響，所以，我們最好還是放下我們的偏見，把人壽保險看作是生活當中的必需品，把它當作是自我保護的一種方式，並且利用它獨有的優勢特點。

過去和現在對保險公司的調查，揭露了很多醜聞和非法行為，也讓人們更加關注這個最大的商業企業之一。也許沒有一種商業經受了如此多的評價和指責，既有支持，也有反對，但是，即使是保險業最大的敵人也不得不承認，如果保險業在家庭經濟和商業往來中沒有贏得一個合理的地位，如果它不具備商品的必備特徵，如果它沒有存在的堅實基礎，保險業就不會達到現在的規模，也不可能在世界經濟中持久佔有如此重要的地位。

保險業在收到一次次公平或不公平的攻擊之後，它能倖存下來，都證明了保險是一種必需商品，如果它不是，那它很久以前就不存在了。

人壽保險，去掉它的技術性，是一種非常簡單的提案。保險公司，按照州的憲章和法律，與被保險人簽訂一份合約，合約規定，被保險人先付一部分費用，然後在接下來的幾年裡，或者是投保的時間範圍內，每年付一定的現金，保險公司承諾在被保險人死亡時，或者是按保單規定的時間，支付被保險人雙方認定好的一筆錢。

保險單的形式幾乎數不清，名稱也是各式各樣的，例如「終身人壽保險」，「養老保險」，「十次或二十次紅利險」，和以債券形式出售的保險。最常見的保險方式是「終身人壽保險」，這種保險只有在人死了之後才能領取保險金；如果被保險人活到一定的年紀，雖然沒有死，保險公司也會付給被保險人終身人壽保險的保險金。

另外一種流行的保險方式是「養老保險」，這種保險通常要花比終身人壽保險多一倍的費用。按照協議規定，保險有義務在規定時間過後，或在被保險人死亡時，付給被保險人全額的保險金。

所謂的「十次、十五次、二十次紅利險」，是一種對終身人壽保險和養老保險折衷做法的保險。在被保險人付清了所要求的付款次數後，他將獲得全數返還的保險金，但是，這筆錢要等到他死後保險公司才會付。

保險債券是另外一種形式的保險，債券有固定的價值，可以在任何時間，按票面價值交易。

所有的州都用法律規範保單的書寫，大部分的州都要求保險公司在保單裡寫明保險的金額，並且在被保險人加保的第一年、第二年、或第三年後，如果被保險人想退保，或者想兌換現金，所付的保險金必須全部歸被保險人所有。

如果在保單中沒有清楚地寫出現金歸還的條款，那麼無論公司多麼有實力，你都不要投保。如果你的保險經紀不能夠或不願意找到這樣的一家公司，那麼你就應該諮詢其他的保險公司。

人壽保險是合法的商業行為，它已成為人們一種生活必需品。如果，你從狹隘的角度來看待它，你可能會覺得它多多少少有點像賭博。保險公司是在拿被保險人的生命作賭注，並且願賭服輸；但是，它和一般意義上的賭博是不一樣的，因為被保險人一方，繼續地往賭桌上放錢，就形成了週期性付款的方式。被保險人不需要抱著中彩票的心理，也不需要冒著賭博的風險，因為好的保單會包括退保金額，被保險人經過幾年後，可以獲得一定的收益。

我曾經說過人壽保險是一種商品，一種生意上的必需品，一種家庭的保障。從商業上來講，它是商品，但是從理論上來講不是，因為按照嚴格定義，商品不是寫在紙上的，是無法承諾和預測的，是一種物質，是可稱重量的，是我們能看得見、摸得到的東西，但是，無論從哪種角度看，我們都把人壽保險當作一種商品，因為它能為我們帶來保護，在現在的社會和經濟形式下是十分必需的。

保險的費用是無法精確計算的，它可能是一頓飯的價錢，也可能是一棟房子的價錢。例如，當你買一個房子的時候，你會精心計算房子的價值；如果你自己蓋房子，你也要知道它的造價。但是另一方面，當你購買一份人壽保險的時候，你不知道，也無法知道你將要花費的金額，保險公司也不知道，因為你和他們都不知道你的壽命有多長。

當我意識到了人壽保險的必要性時，我不得不說，人壽保險要比任何一件商品都貴。調查顯示，保險經紀靠銷售人壽保險所獲得的傭金，可能要比任何其他的商品交易獲得的傭金都多，保單的第一筆付款的一半，甚至更大的比例，都會到保險經紀的手裡，而不是公司的手裡，而這筆錢沒有用來提高公司的資產，或者給保戶提供更多的保護，它流進了保險經紀的口袋，實際上成了買保險的人付錢給了賣保險的人，那就意味著，被保險人把保險相當大的一部分金額沒有給保障我們的保險公司，而是給了向我們出售保險的經紀人，這個中間人是不承擔任何責任和義務的，在交易當中沒起任何作用，除了向我們介紹產品，即使這樣，我們一部分的保費卻要給他們。這種情況使人壽保險變成了一種很貴的商品，迫使成本提高到一個不合理的水準。

這種雇傭說客的必要性和所付的高額傭金，在商業行為中是一種獨特的狀況，因為保險本身是有具體價值的，因此這種狀況就沒有它存在的理由。

在商業往來中，只要我們需要花言巧語的銷售員，而不是服務員，我們就得付給他們傭金或工資。但是，讓人很難理解的是，公司有必要給銷售保單的銷售員如此高的傭金嗎？從表面來看，如果我們需要買保險，我們會到保險公司去購買，就像買傢俱和買衣服一樣；然而，一個最大的保險公司的銷售員告訴我們，自願申請人壽保險的人實際上是不存在的，大部分的保單都是在經過一番遊說之後簽訂的，甚至有時候都會使用一些威逼利誘的手段。

沒有偏見的商人和經濟學家對人壽保險的問題做了一次詳細的研究，然後形成了一個觀點，這種形式的保險完全可以比保險公司現在售價低得多的價錢出售。這一點指向了所有在州和國家政府指導下建立起來的保險公司。

現在儲蓄銀行也增加了保險部門，以一個較合理的價格出售保險，但這個價錢還沒低到所期望的價格。

儲蓄銀行應該在保證成本的基礎上，儘量考慮被保險人的利益，當儲蓄銀行保險變得很普遍的時候，保險的價格毫無疑問地會比現在的價格低得多。好的人壽保險是一項重要的商品，不應該只有操控者和金融家享有，他們在這個行業裡也只是為了獲取暴利。

有一些形式的保險雖然價廉卻也能提供完全的保護，保險就是應該給那些窮人和收入少的人；我認為即使不屬於國家政府，也是屬於州政府的事務，應該以成本價建立和經營保險公司。

人壽保險對以下這三類人有特別的價值：

第一類人，工薪階層、商人、和收入少的職員，他有或者可能有一個依靠他的人。生活的不穩定性使得應付緊急事件和死亡變得十分必要，雖然這些對他而言成本過高，所以購買一定金額的人壽保險還是有必要的，不是用來投資，而只是作為一種保護措施。他應該購買最便宜的險種，不要考慮任何養老型或保險公司推薦的投資型保單，除非他自己是一個浪費的人，只有在強制手段下才能存錢。

第二類可以從保險中獲利的人是那些相當富有的人，他們過著奢侈浪費的生活，隨時都會遇上經濟危機。他們為了獲得保障可以付很高的價錢，人壽保險對他們來說可以看作一種投資，這在正常情況下是會受到質疑的，由於他們收入較高，因此能夠買得起數十萬美元的保險，養老保險對他們來說是一種高級的投資，這絕對不會是不明智的選擇，但我不會建議那些保守的有錢人，把保險當作一種投資。

第三類應該買保險的人是那些浪費的人，那些天生的傻瓜，或者在生活中變得很愚蠢的人。這類人很少能意識到金錢的價值，不能夠、也不願意以任何合法的、有規律的方式存錢，除非金錢的損失足夠大，他們才能明白。他們不具備規律性存錢的頭腦和品質，即使生活被儲蓄銀行包圍，他們也不會去光顧任何一家；如果今天過得很節省，明天就會過得很奢侈。終身人壽保險還有養老保險，可以強迫他們做不情願做的事情，當然，他們付出的錢沒有回報的多，但是多付錢買保險總比買一些沒有價值的東西好。

保障和投資之間還是有巨大差別的。人壽保險是有保障價值的，也經常是必需的，但和其他投資形式相比，它的回報太少了，儘管保險公司和誇大性的廣告都說保險有投資價值，但我還是不這樣認為。

由於所有的保險公司都是純商業機構和獲利機構，因此它們的經理都很愛誇大事實，會想盡辦法向大眾推銷一些公司獲利最大的險種，而不是推銷對客戶最有利的險種；他們高薪雇用一些保險經紀人，使用威逼利誘的手段。很多保險公司的經營方式也是極其浪費的，它們付給員工的工資和他們所做的工作根本不成比例，它們與金融機構的往來也不算不誠實，但它們使用的金錢是一種循環資金，以一種便利的方式來處理大額的金融交易。雖然並不是所有的公司都在完全誠實的商業模式下運行的，但是大部分的公司還是值得信賴的，它們對承諾提供的保障能夠做得到。

所謂的工業保險有時也能發揮一定的保護作用，雖然很多經濟學家都指責它成本過高。我會建議那些想尋求這種保護的人，要先諮詢那些優秀的銀行家、金融家和有地位的商人，他們會坦誠地告訴你投保的條件和家庭責任，同時也會指導你選擇投保的種類。有很多這類的保險，其中一些保險會在保戶中斷投保時，沒收被保險人已付的保險金。我特別強調要注意這種沒收保險金型式的保險。

慈善人士一直在考慮一個提案，希望國家能建一個工業保險部門，這樣可以使企業付出很低的價錢就能獲得所需的保障。這樣在企業中斷保險的時候，也不會被沒收被保險者已付的保險金。

我要建議收入少的人把保險只當作一種保護，不要受保險公司和保險經紀人所說的話影響。保險公司所印的宣傳品，和保險經紀所說的那些天花亂墜的話，雖然有的在技術上是真的，但也存在相當大的誤導成分，有的甚至是蓄意欺騙。

許多保險經紀人在寫保單時都做了一些虛假的掩飾，但是，儘管有這種情況存在，儘管某些人不是很可靠，甚至有卑鄙的行為存在，對收入少的人來說，購買終身人壽保險還是應該受到鼓勵的，如果他有依靠他生活的人，那這種保險就是一種生活必需品。

如果家庭需要保障，並且也不太富裕，家庭的收入需要安全的投資方式，他應該買一份終身人壽保險，並且保險的額度要盡可能地大，而且不但現在能付得起，將來也能付得起，但我還是建議他不要把人壽保險當作一種投資。如果他有錢想投資，先買保險保障家人，再把剩下的錢存在銀行裡，或者選擇其他安全的投資方式。人壽保險對他來說是一種商品，因此要以最低的價格購買。一定要記得，給你提供保障的是保險公司，不是保險經紀人，他什麼責任也不會負的。

如果你不太瞭解人壽保險，就找個明白的人問一問。最好去諮詢一些優秀的商人，只要他們跟保險公司沒有掛鉤，他們的建議還是很重要的。一般來講，你存錢的銀行和成功的商人都是懂一點這些知識的。

避免加入任何的保險俱樂部和保險計畫，不要相信任何的俱樂部會使你獲利。我認為這些俱樂部裡所謂的保險專家，都是受雇於某個保險公司的。

不要相信保險公司所做的宣傳，某種保險會給你比儲蓄銀行還高的回報，真是這樣嗎？只要讓一流的數學家或會計師算一算，他們會毫無疑問地告訴你，你存在儲蓄銀行的錢所獲得的利息要比買保險獲得的回報更多。但是，這種情況並不是否定保險的價值，因為人壽保險所做的是在死亡時獲得的保障，這一點是任何一個家庭都不應忽視的，但保障並不一定是投資。

事實上，對有些險種，你不一定要按保單規定的金額付款，並且在保險到期時，你獲得的錢要比繳給保險公司的多。但是，如果你以分期付款的方式往銀行存錢，在十年或二十年後，你獲得的錢將比你從保險中返回的錢要多。

還要記住一點，在好的公司裡，險種大體上都是一樣的。儘管不同的公司使用不同的方法吸引客戶，但那也只是在表面上作文章，實際上並無真正的差別。不管保險經紀人怎麼說，一份好的保險不會比另一份好的保險更值錢。在我看來，一些保險公司用來吸引客戶的特殊手段都是想像的，都是用來愚弄人們的。

透過你的銀行的建議，和一些有實力、沒有偏見的朋友的觀點，選出一家一流的人壽保險公司，在能負擔得起的情況下，盡可能地以買保險來獲得保障。

認真地閱讀你的保單，如果你不太明白，就找一流的商人或律師來讀。保單很可能看起來會給你一些利益，可實際上卻不會提供給你。再強調一次，保單中一定要加入無沒收保險金的條款，這樣會防止保險公司利用你中斷保險來獲得好處。

在你的保單安全地簽好後，你就會有一種放心的感覺，無論你是否能享受到它的好處，你都對未來準備好了一份財產。

第25章 產物保險

在這樣一本書中談論火險並非不合適，因為雖然火險並不被看作是一般意義上的投資，但它也沒有脫離投資的種類，當然，在純粹的投資和必要的保障之間是沒有一條明顯的分界線的。

購買火險的費用也不是很高。一份火險的保單應該包括每一件財產，只要有風險存在，就應該包含在保險範圍內，包括房子、馬、馬車、汽車、船、傢俱、藝術品、珠寶和衣服。

購買火險十分必要，我認為因為個人原因不願意保護財產就像犯罪一樣不可原諒，即使你的財產不值幾個錢，你也應該為它投保火險，因為投保的費用和保險所能帶來的保障相比，只占了很小的部分。

有很多大型的火災保險公司，大部分都是可靠的，值得信賴的。不好的公司是不會開出條件優厚的保單的，但是在買保險之前最好還是先瞭解一下保險公司的信譽，大部分的人隨便找一家保險公司就投保，很少有人去選擇保險公司。

許多保險經紀人在當地都沒什麼信譽，他們代表著一些較差的、沒有價值的保險公司。如果保險經紀是一個沒有信譽的人，那麼不要在他所屬的公司裡投保，除非你能確定他很可靠。然而，保險經紀的人品並不影響保險的價值，因為經紀是不承擔任何責任的。

千萬不要錯過交保險費的日期。每個人都應該有一個日記本，或者是那種有日期的記事簿，標好保險過期的日期，和提前一周左右的日期。

如果你在當地的信譽良好，可以請一個保險經紀人，在你的要求下，他會出具一封信給你，寫明無需通知，保險自動續約，這樣一來就能給你提供萬無一失的保障。如果保險經紀人沒有正式把保險續約，這份聲明在法律上有同等的效力。

認真通讀你的保單是十分重要的，保單有許多不同的格式，每種格式代表不同的狀況。有些保險並不賠償閃電造成的損失，除非閃電引起了火災；有些保險還要求房屋不能空著。如果你在房屋內放置超過一加侖的汽油，有些保險是無效的。

全額保險的費用只比部分保險的費用多一點點，所以一定要坦白告訴你的經紀人，你想要全額保險。保險行業協會統一制定了火險的價格，因此，在一家有實力的保險公司投保，和在一家較差的公司投保，花的錢是一樣的。

還有一種行李保險，是為旅行者設計的險種，它非常的便宜，卻能帶來全方面的保護。保險理賠範圍包括你在美國和加拿大旅行時，你的行李和個人財產。保險的地點包括鐵路、火車、行李車廂、貨運車廂、輪船或其他船隻、長途客車、馬車、倉庫、房屋、賓館、俱樂部和其他任何可能的地方。

不要過多地投保，也不要過少地投保，但一定要保全額險。如果你過多投保，你得到的也是燒毀的財產的賠償，你也不會多得些什麼，多付的那些保險金一點用處也沒有。要列出你的財產清單，甚至精確到你投保的書的數目，把這張紙放到你的保險櫃裡，或者放到銀行的保險箱裡，或者放在遠離你所投保的財產的某個安全的地方，但千萬不要把你的保單放在辦公室的抽屜裡。

保單所擔保的價格應該是在財產損壞時的市場價格，不一定是它的出售價格，而是重新購買該財產所花的價格。例如，你有一個花了一百美元購買的餐具櫃，如果把它作為二手傢俱出售，它的售價不會超過五十美元，但是你可以為它投一百美元的保險，或者接近這個價錢。有些物品的價值是有爭議的，例如，油畫和珍藏版的書籍，這樣的物品應該作為藝術品投保，並且在保單中寫清楚它的價值。

第26章 意外險

在十九世紀末期的時候，意外險變得非常的普遍和流行。這種情況不僅是由於意外險本身是有價值的，而且是由於保險公司業務的興起。

許多人認為買意外險是十分必要的，而另一些人卻持相反的意見。

意外險很便宜表明了發生意外險的概率很低。如果意外發生得很頻繁，那麼投保意外險的費用將會高得多。

如果你要旅行，或者你的工作有危險，那你應該購買意外險。但是，如果你存在的狀況風險不是很高，就不值得去買意外險。雖然我並不反對購買意外險，尤其是它的費用很低，所以一般來講，我還是贊成購買意外保險的。

如果你是個工人，或者是個公司的小職員，你的收入完全來自於你的工資，你很少能存下錢來，那麼你有必要購買意外險。許多窮人因意外生病了，都是靠保險養活他的家人。

認真讀通你的保單是十分重要的。保單中所寫的公司利益比起你的利益要多得多，並且保單不會負擔你以為會給你的所有保障。在你簽保單之前，一定要弄明白保單的意思，你可以把它給你的律師和要好的商務人士看一看。在你花錢購買保險之前，一定要清楚你將得到什麼樣的保障。

第27章 年金

年金是一種很安全，但不是很常見的投資方式。大體上它和人壽保險差不多，區別是，擁有終身人壽保險的人得等到死了才能領保險金，而擁有年金的人必須活著才能領取。

年金是與保險公司或擔保公司簽訂的協定，只要年金的持有者活著，就要每個月或每年付給他一定金額的年金。

所有的人壽保險都是在第一次付款後，持續地、定期地付款，而年金是提前一次性全部付清所有的錢；人壽保險的費用取決於年齡的大小，年齡越小，付的錢越少，這種情況對年金正好相反，年齡越大，付的錢越少。

體檢是沒有必要的，因為被保險人的年齡越大，身體越差，對保險公司越有利。

大部分的年金都是老年人購買的，那些人太老了以致無法工作，而且比起其他

形式的投資，他們更喜歡每年獲得一筆固定的收入。對大多數人來說，比起把購買年金的錢存在銀行獲得利息，年金會給他們帶來一筆更大的收入。例如，你可以購買一筆大的年金，如兩萬美元，這足夠你維持生活了。如果兩萬美元存在銀行，五%的利息，那麼一年的利息才只有一千美元，這不夠過上舒適的生活，而考慮購買年金會獲得更多。

購買一家一流公司的年金，就可以保證有舒適的生活，也不用再考慮未來的財務狀況了。但是，在購買年金之前，人們應該想清楚，如果留著這兩萬美元在身邊，這些錢又能有什麼其他的價值呢？也許利用所得的利息作為本金的一部分要比購買年金更明智，尤其是當這個人的日子不多了，而他的這項投資又很好。他不會活得比他的錢更長，因此他會給他的親戚、朋友和慈善機構留下一部分的財產。這樣做比把錢花在購買年金要好得多。

每種情況我們都要單獨考慮，要衡量出它的優點和缺點。如果你正在考慮購買年金，我建議你，和你的醫生，你生意上的朋友，及那些熟悉你情況的人一起探討一下這個話題，這樣你很可能會得出一個可以獲利的結論。

第28章 該不該投資朋友的生意？

雖然沒有精確的統計資料，但很明顯，許多人都是靠借錢創業的，從銀行、信託公司、朋友或其他人，而我這裡所指的「其他人」，是指那些能給創業的人或想把公司擴建的人提供貸款的人。

這本書是寫給那些收入有限、存款不多的人看的，我不想給那些大投資者們提建議，他們是行業的專家；也不是寫給經營借貸業務的人看的，這些職業的放款人靠貸款獲利，錢對他們來說是一種商品，是可以出售的，他們總是做好了損失的準備，他們的利潤來自於投資的安全性，並不是取決於借貸的人是否成功，而平均數的規律總是保護著他們。

損失和風險都是商業往來的一部分，但是對收入少的人來說，要把風險降到最低。如果有大的風險存在，冒得起風險的人也是那些輸得起的人，是那些懂得怎樣玩投機遊戲的人，和那些即使有一些損失也不會傾家蕩產的人。

有些財產的人和小投資者們經常會把錢借給朋友或熟人，這些人不是要開始創業，就是要擴大公司的規模，可是他們卻沒有足夠的資金這麼做。有些時候，這麼做是出於友情的考慮，但更多的時候是考慮到所得到的高利和巨大的回報。

對那些收入少的人來說，我不認為這種出借方式屬於投資，因為它是有風險的。

第一，債權人不太可能精確地分析商業狀況，用他的錢所做的投資生意，他是不太可能徹徹底底瞭解的。

第二，他可能會受友情和幻想的期望值的影響，從而相信他的投資會獲得高額的回報。

第三，要獲得好的抵押品是十分困難的。

第四，對借款人缺乏判斷，或者許多其他的因素都會導致損失。

第五，錢不在自己的手裡，並且超出控制的範圍。這和把錢存在銀行不一樣，因為不能隨時取用，也就是當需要用錢的時候，卻不能使用。

讓我再一次提醒那些工薪階層和收入少的人，對那些不夠安全的投資，請不要考慮，這些都與你無關。除非你在經濟上能冒得起風險，否則不要把錢投在你無法控制的地方。你可以把錢放在絕對安全的債券和儲蓄上，或者其他被認為是最好的投資產品上。

事實上，當你把錢存在儲蓄銀行，或者購買了政府的債券，你的錢就到了別人的手裡，你沒有任何權力來指揮別人怎樣來處理這些錢，但是，你的錢還是受到很好的保護，因為錢是在保守的、有經驗的人手裡，並不是隨便的一個人，而是保管在一個安全的機構裡。

一定要記住，九十%的商人他們的事業都曾經失敗過，或將要失敗，而大部分的人都從困難中走出來，並且最終取得了成功；另根據精確的統計資料顯示，有十%的人會破產，或者經歷其他形式的失敗。所以，收入少的人最好不要拿他們辛苦賺的積蓄來冒巨大的風險。

手裡有閒錢的人冒一點風險是可以的，但是也不要把錢投資在沒有保障的地方，不管是投資給個人還是公司。

收入少的人永遠不要支持任何人的生意，除了他自己的生意，也不要在沒有足夠保障的情況下，把錢借給任何人，除非這種貸款不是出於友情的考慮。但是當友情的壓力或者朋友的需要足夠大時，是可以為風險擔保的，所以有時友情也是必要的。

在任何情況下，沒有安全保障都不要把錢借給別人，除非你這麼做是為了愛情；但是也不要只為了愛，而不考慮自己。

第29章 在銀行開一個帳戶

銀行存款有三種形式：第一種，在國家銀行開戶，資金不少於二萬五千美元，並且直接受美國政府的監管。這種監管雖然很嚴格，卻不能保證銀行的可靠性，也無法保障儲戶的錢不受損失，最多，只能起到保護的作用。國家銀行也會倒閉，但是一般情況，比起其他的金融機構要少得多。當銀行出現經營問題，儲戶是第一債權人，會首先給付存款，所以，即使銀行倒閉了，儲戶還是能得到全部的存款，或幾乎所有的存款，雖然他可能得等上一段時間，除非這種倒閉是十分徹底的，否則其他的銀行會伸出援手，會提前支付一部分的存款，這樣的話，儲戶只需等上幾天就能拿回存款，除非他在銀行存的錢很少。

第二種，是信託公司或信貸公司。它們是在州的法律監督下組建的，也只受所在州的監督。較大、較好的信託公司，通常和國家銀行在當地的票據交易所是合作夥伴，因此也受票據交易所的官員監管。這種監管是十分嚴格的，因為一個貸款公司倒閉，還是和國家銀行有關聯的信託公司倒閉，都會對票據交易所的成員造成巨大的損失。一些州的法律不如國家銀行的法律有力度，所以很可能許多貸款公司和信託公司不會受到像對國家銀行一樣嚴格的監管，但是許多信託公司都是由有能力、有責任感、正直的人來管理，和大部分的國家銀行一樣，在財政上是可靠的、安全的。

第三種，是所謂的州立銀行。這個機構和國家銀行幾乎是一樣的，只是不受美國政府的監督和審查。實際上，它和貸款公司、信託公司沒有多少區別。

國家銀行和州立銀行，貸款公司和信託公司，它們和儲蓄銀行的區別在於它們主要是經營商業往來業務。儲戶或客戶把錢存在銀行，他可以隨時以支票的形式取錢，除此之外，儲戶有權利獲得貸款，只要他的信譽良好，銀行可以隨時給他提供貸款。

國家銀行發行銀行支票和紙幣，沒有其他的機構有這項權力，雖然州立銀行在法律上可以，但是過高的賦稅阻礙了這項業務。一般情況下，國家銀行對支票存款不付利息，除非這個帳戶不太活躍，或者金額非常大。

不活躍的帳戶是儲戶不經常去存錢，也不常用支票取錢，也不常向銀行借錢，因為他的帳戶不太需要辦公人員的管理，有一些國家銀行就給這樣的帳戶付利息，但前提是帳戶存款能保持在平均一千美元。實際上，只要帳戶的當日餘額不少於五百美元，所有的州立銀行、信託公司、信貸公司都給儲戶二%的利息，有的公司只要求帳戶裡有三百美元就給利息，但利率不會超過一．五%，偶爾，信託公司或州立銀行會給到二．五～三%的利率，但我不認為管理良好的機構能負擔得起如此高的利率。如果銀行給了這麼高的利率，我也認為它這麼做是會賠錢的，除非錢是為了用來合法宣傳和發展的目的，但並不能說明銀行的信譽很好、很可靠。

一些州立銀行或信貸公司還留有儲蓄的部門，但是和一般的銀行部門是完全分開的。

儲戶把錢存在銀行有兩個原因：

第一，可能會比較安全。

第二，他可以在想用的時候，寫支票就可以了。這是非常方便的，人們就不必身上帶著大筆的現金，也不用把錢放在辦公室或家裡，是防盜、防搶和避免丟失最好的保護手段，還可以用支票結帳，也可以把匯款的損失降到最低，此外，還有一個相當重要的優點，就是當你有一定的銀行存款時，只要你缺錢，銀行就會給你貸款。

有聲譽的銀行所收的利息，不會比現行的利率高，總是比貸款公司低得多。借款人通常只要填寫一張所需金額的單子，然後交給銀行，銀行的職員或主管在上面簽字，但這張單子要求有一位可信任的人的擔保，或者有某種抵押——股票、債券等等，如果這張申請單子被接受，上面所填寫的金額將會付給儲戶，但要減去貼息或利息。例如，讓我們假設你向銀行借了一千美元，時間四個月，利率是六%。每年六%的利息，四個月就是二%，所以銀行不會給你一千美元，而是給你九百八十美元，把利息提前扣掉了，這就是所謂的貼現。貸款到期時，必須還清，否則就要續借。

如果你有二千美元以上的存款，我會建議你去一家好的銀行開個帳戶，並且除了小額支出以外，其餘都要用支票付帳單。這麼做不僅方便，而且更有效率，還能避免金錢的丟失，所付的金錢還有一張有法律效力的收據，因為收到支票的人不能去兌現支票，除非他在支票背面簽字，那麼這種背書就是一個收據。

不管你是否做生意，還是公司的職員，是否需要向銀行借錢，保持和銀行友好的關係都是十分重要的。一個有銀行帳戶的人在社會上，在生意上都更有地位。當你在銀行有可以使用的資金，就會充分顯示你在當地的地位。甚至收入少的人也能存一些錢，如果他們願意，也能開一個支票帳戶。

要判斷一家銀行的不足和優勢其實是很容易的。管理人員的人品十分重要，他們通常很有地位，正直又保守，其他的銀行家也對這個位置的人十分瞭解，並且銀行的官員也十分願意對其他銀行機構的信譽給出專業的意見。沒有名的銀行就是管理不良的銀行，他們的管理者也只是一般的商人，既沒有地位，也沒有聲譽。

不管錢的數目是大，還是小，在存錢之前，一定要對銀行仔細地諮詢過。如果這家銀行不錯，那麼城裡大部分的商人都會知道它；如果這家銀行不穩定，有責任感的人是不會推薦它的。

關於銀行的信譽，不要詢問專業人士的意見。去諮詢一些有聲望、有地位的生意人，而且要諮詢兩三個這樣的人，他們對銀行的內部情況十分瞭解，並且也認識一些熟悉銀行業務的人。

如果你居住的地區附近沒有銀行，最近的也有幾英里，你也可以很容易地獲得一些最基本的情況。給所在城市的任何一家大型的國家銀行寫封信，都會收到禮貌的回覆。負責任的銀行家從來不會替那些不好的銀行說好話，因為他們承擔不了這樣的責任；而且，最好給兩三家銀行寫信。所有值得信賴的銀行官員和主管的名字都是公共資源，對那些附近的銀行和大企業主來說，他們是值得信賴的。

在鄉村地區，通常是小城鎮分佈著很多儲蓄所，它們的管理人員不太可靠，信譽也是令人質疑的。許多這樣的銀行都是連鎖性質的，並且掌控在一個人的手裡，他能夠在任何時候，毀掉這樣的銀行。除非你是金融方面的專家，否則你自己的觀點是沒有價值的；除非一個負責任的商人或銀行家推薦了這家銀行，你存在那裡的錢才有保障。

第30章 合作銀行

合作銀行，正如名字所表示的，是一些人為了共同利益和保障合作而興建的銀行。它專門經營房地產和房地產抵押，它的貸款原則上只向會員提供。它的資本主要來自於股票的銷售，每一個股東都有完全的投票權力，主要是關於生意的管理和投資的事情。

股東選出管理人員和委員會，他們的權力是在最大的安全保障下進行投資和放貸。他們不應該冒任何的風險，也沒有挪用公款和其他違法行為的機會，因為在任何時候，可供支配的現金都是有限的，幾乎是錢一進來就被拿去放貸款了。

股東集會投票，或者股東選出的大委員會來決定是否放貸，而支票上得有幾個人的簽字才有效。股東們被要求要絕對的謹慎小心，每一次活動都要經過投票，使人沒有機會粗心大意。

不管你是否有向銀行借錢蓋房子的想法，入股管理完善的合作銀行還是很安全的。主要的危險或者說唯一的危險，在於管理人員和委員會可能缺乏投資方面的判斷力。如果貸款額超過房產的價值，可能就會造成損失，如果長期缺乏判斷能力，不良借貸太多，就可能會使銀行倒閉。

然而，當地的顧問和產權查詢人的粗心也可能造成災難，沒有能力的律師很可能會把不良產權認定成是好的，但是只要調查和投資委員會足夠大，所有的會員都對他們居住的土地很熟悉，而且銀行也不會向鎮外的地區提供貸款，那麼還是有很大的機會作出對房產的正確評估，作出錯誤判斷的機會也很小。

銀行的實力取決於會員的人品和委員會的慎重和判斷。如果合作銀行的管理人員是投機者和金融操作人員，我還是建議你不要和它們打交道。只要是由一個人或者固定幾個人管理的銀行，你都不要和它們打交道。

如果銀行的經營很穩定，管理很完善，那所在鎮的商人和銀行家們都會知道這家銀行的情況，所以，除非這些人都推薦這家銀行，否則你就要遠離它。

很明顯的，沒有一家管理完善的銀行所付的利息會高出現行的利率，顯然，如果銀行所付的利息過高，就說明銀行是不可信任的。借款人為了安全起見，永遠不會付超過六%的利息，如果他付的利息高過這個標準，就說明他的抵押品達不到正常的標準。

在這裡，我特別要把合作銀行推薦給打算蓋房子的人，這樣就有機會使所借的錢也是屬於自己的一部分。

如果你是一家合作銀行的會員，你應該去參加所有的會議，這樣你才能清楚地知道他們在做什麼事情。

第31章 隨手存零錢

往撲滿裡存硬幣是舊時的一個鼓勵兒童存錢的習慣，近年來，也擴大到成人的領域。

成千上萬的父親母親們，年輕的男人女人們，已婚的和單身的人們都明白，要在家裡的儲蓄銀行存錢的道理，從一天一分錢開始，到一周的時候，希望能多存一些錢。許多人都把收到的硬幣放進撲滿當作一種任務，不管是一美分的，五美分的，還是十美分的硬幣都可以。

這種習慣應該被鼓勵，尤其在那些富裕的人當中，因為這能使人們養成無意識地積累小額金錢的習慣，這些錢可以被用在特殊的情況，也可以存在儲蓄銀行，或者也可以留起來，直到一定的數目，然後再存起來，或者用來投資。

我特別要建議那些有家的人和工薪階層，在你的餐廳的架子上放一個存錢筒，並且要定期地往裡面放錢，然後再給孩子一人一個，大人也一人一個。什麼都沒有

比有規律的存錢更重要。它的所有的影響都是正面的；它是成功的基石。一定要做到有規律。

一天只存一美分，但天天存，要比偶爾存五美分更好。把每一個五美分的硬幣都存起來，要十分虔誠地堅持，而不是偶爾想到了才去做。

設定一個基數，無論是一天存一美分，還是一天存一美元，只要你設定好了這個基數，就要堅持下去，除非有無法預見的事情發生了。

第32章 養成記帳的習慣

每個人，無論是經商的，還是在農場上工作的、是在商店工作的，還是在辦公室工作的，是學校裡的老師，還是學生，已婚的，單身的，老的，少的……只要你年齡足夠大，就應該明白加法和減法的區別，這時，你就應該記錄下所有收入和它的來源，還有支出和花錢的地方。

我們有各種各樣的理由這麼做，卻沒有一個藉口不這麼做。無論你是一周經手幾美元，還是一年經手幾百萬美元，知道錢來自哪兒和花在哪兒是十分必要的。我並不是要讀者去學出納這門課，或者去學複式記帳，但是眾所周知的單式記帳就像乘法表一樣簡單，因為你需要做的只是寫明你的收入和你的支出，然後計算出餘額。這不僅能使你知道是超支了，還是有剩餘了，還能使你準確地找出哪些是必要的開銷，哪些是不必要的奢侈。

其他的方法都不能讓你清楚自己的財務狀況，也不能讓你確定是花得太多，還

是花得太少。單一的記帳並不能防止奢侈浪費或無心的開銷，但它能幫助你找到漏洞所在，這對你的經濟狀況絕對是有好處的。

當你開始要這麼做，並不需要精心準備很多記帳本，一本就足夠了。在開頭部分寫上你的收入：

1月1號	工資22美元
2月2號	銀行利息19.4美元

然後再寫上支出的部分：

1月1號	房租26美元
1月15號	食品3.68美元
2月2號	全月午餐費6.25美元

沒有必要把每一項小額的支出都寫上。例如，如果你一天的車費是十美分，那麼直接寫上一個月的費用；還有一些小的花費，像郵票和五分硬幣，都可以統一記在雜費那一項裡。但是也不要太隨意了，具體的標明總比模糊不清要強，除非是特

別不重要的事，才不需要記。

在每個月月底的時候都計算一下餘額，在每一年年底的時候，都製作一個平均支出和盈餘的表格。在這個表格裡，你可以加上你所存下的錢的欄目。

如果你不是一名出納，也沒學過記帳，我建議你可以找一個出納給你一點幫助。幫你製作出一個表格，這樣你填起來就又方便、又容易，但千萬不要讓他幫你做出一個複雜的表格，只要各項都包括了，那麼就越簡單越好。

雖然沒有精確的統計，但是我認為，有一半的男人和九十％的女人都沒有記帳的習慣。如果被問起為什麼，這些愚蠢的人會給出許多理由，有隨口說的，有準備好的，也有過時的。大部分人會說他們沒有時間，但九十九％使用這個理由的人，都是出於完全的懶惰才不願意記帳，不願意把時間當作商品來看待，也缺乏必要的經濟理論。

真正有充分的時間去做每一件事的人，卻是那些極其忙碌的人。如果你想找人幫你做件事，去找那個忙碌的人，而不要找那些遊手好閒的人。

另外還有一個藉口，不像前一個那樣生硬，那就是去看看他一個月能剩多少錢。如果他一個月的收入是五十美元，到月底的時候，他只剩八美元了，他的花費是四十二美元，他的藉口是不值得考慮的，因為他行為背後的原因就是他太懶惰。知道我們每個月剩多少錢很重要，但知道錢花在什麼地方更重要。

這些粗心懶惰的人使用的另外一個常用的藉口是，知道錢來自哪兒和花在哪兒，對支出和儲蓄也沒有什麼用。這是多麼愚蠢、多麼荒謬的藉口，只能說明人貪圖的是片刻的享受。

許許多多的男人和女人們都不懂出納，也不能完整地記帳，實際生活中那些能系統性存錢的人，都是對現在和未來有責任感的人。他們有足夠的智慧和真誠去保護他們自己，那就是記錄下收入和支出，並且能系統性地規劃他們的財務。

我並不是想說每一個奢侈浪費的人，不去記錄自己的財務狀況，就是沒有遠見、沒有責任感的人，但是我從來沒看見哪一個奢侈浪費的人和花錢不精心的人，曾經記錄過錢從哪兒來，花到哪兒去。記帳對正確地管理財務和系統性地積累財富都是絕對必要的。

第33章 請客吃飯的壞處

我在「小奢侈也會造成大災難」那一章裡沒有談論請客吃飯這件事，但是請客吃飯已經變得十分普遍，也是導致浪費的原因之一，因此，我要把它拿出來單獨講一講。我感覺請客已經變得非常流行，而且這種行為也在增加。

表達必要的禮貌和不分場合的禮貌還是有很大的區別。請客並不能創造和維持友情，事實上，到最後，有可能對友情產生完全相反的結果。當它超過了一定的界限，就變成純粹的愚蠢，是毫無理由的奢侈浪費行為，就像犯了罪一樣。

成千上萬的人們，如果戒掉請客的習慣，都會存下相當多的財富。

首先，請客是一種不可原諒的浪費習慣，請客的人總是在不需要他花錢的時候，花了自己的錢，每次都是他承擔了共同的花費。

很少有男人喜歡自己喝酒，也很少有男人自己喝酒的時候會喝醉，九十%的飲酒和醉酒行為都是發生在酒吧、餐桌和男人集會的地方，就是由於請客的習慣，讓只能喝一杯酒的人喝了很多杯。抽菸和其他的習慣也是一樣，但主要還是喝酒。

我沒有打算做一個戒酒的演說，這會顯得和這本書不相配，但我仍然認為飲酒和請客已經變得十分流行，是不可原諒的奢侈行為。

習慣性酗酒的人和請客的人是不可能對他們的未來提供保障的。酗酒的人就是最早墮落的人；酗酒也是每種經濟型式最大的敵人，是奢侈浪費的最佳代言人。

酒是有它的地位的，但是無論從道德還是物質的角度，都沒有理由把酒當作飲料。喝酒的人，尤其是請客喝酒的人，是不可能有進步的，也不太可能為自己的未來提供保障。

事實上，越有地位的人，越不喜歡請客，他們只是偶爾出於禮貌下請客，即使喝酒也是適量地飲用。他們賺的錢足夠付大額帳單，但是他們花錢時卻總是很仔細，也總是有很好的判斷力。

只有習慣請客的人才會尊重其他愛請客的人，但我認為這種尊重也並不多。那種來自請客吃飯、沉溺酒色的友情是最脆弱的，是沒有任何基礎的。

第34章 銀行保管箱

除了那些沒有財產的人，我會建議每個有財產的人都去租一個保管箱。在每一個大城市裡都有保管公司，許多鄉村銀行也有保管部門。據我所知，存放在保管箱裡的東西沒有丟失的時候，除非是主人自己的粗心導致丟失。

想進入地下室搶劫保管箱是不可能的：第一，它們是精心製作的；第二，日夜有保全守護，還有電動報警器和充足的照明設備；第三，只有高級的職業竊賊才能打開它，但他也不太可能知道保管箱裡面有什麼東西，他必須闖過最堅固的地下室，繞過保全、報警裝置和外界的干擾，他必須把每一個保管箱都打開，才能知道裡面有什麼，但是很有可能他打開的只是一個空的保管箱。

某些情況，讓保管箱看起來也是有些危險的，例如，保全認識租用保管箱的人，可能會打開它；但是，目前來看，這種情況還沒發生。首先，必須有兩把鑰匙才能打開保管箱——保全的鑰匙和租用者的鑰匙，然而，保全們都是精心挑選的，

而且不說服他的同伴是不可能實行盜竊的。

大的保管箱能裝下合理數量的財產，租金是每年三～十美元。如果工薪階層覺得負擔不起這個價錢，他可以把有用的文件資料裝起來，如房契、地契，在資料袋外面親手簽上自己的姓名和地址，然後讓一個可以信賴的銀行家替他保管。當然，這有一點風險，但總比把文件亂放在房子裡要好得多。

第35章 常用金融術語

高於票面價值（above par）：通常是指股票和債券在報價、銷售和評估時都高於面值。例如，一支股票的票面價值是一百美元，但是它的實際價值和售價都高於一百美元，那麼這樣的股票就是高於票面價值的。

估價（assessment）：股票的持有人，在購買股票之後，都會被要求另付一筆額外的費用，這種費用就是股票的估價。最好要避免購買可估價的股票，不用估價的股票的權證上都印有「無需估價」的文字。

賣空者（bear）：是指那些在股價下跌時，進行股票交易的人。「賣空市場」是指強迫股價下跌。

大宗證券（block）：是指在同一時間購買許多份的股票或債券。

交易（board）：是股票交易的簡寫，或指股票和債券出售的地方。

債券（bond）：是指在一定的時間段內，政府和公司借錢的法律收據，並且

在一定的週期按規定的利率付利息。債券的安全性可以用抵押品或者扣留財產來保證。債券比股票更安全，但通常所付的利率較低，而且是固定的；而股票，除了優先股以外，都不能保證有固定的利息，但回報率卻可高達數百倍。但要記住一點，如果所代表的資產沒有價值，那麼任何的書面保證都是沒有用的。

劇跌（break）：是指股票或其他債券的價格出現快速的、異常的下跌。

經紀（broker）：是指靠買賣任何形式的證券謀生的人，他的收入來自傭金。經紀和銀行業者還是不一樣的，雖然一個人可以既是經紀，也可以是銀行業者；銷售股票和債券的經紀，被叫作股票經紀和債券經紀。

買空者（bull）：是指企圖操控股價上漲的人。「買空市場」是企圖使股價高於正常並從中獲利。

拆借（call-loans）：有條件的貸款；貸方可以沒有提前通知就要求歸還貸款。大部分的拆借都要求一到三天內歸還。

資本（capital）：公司的資本是指用來運作業務的資金，包括所有的財產、房地產和其他的資產都算在內。例如，一家公司融資了十萬美元，那它的資產就有那麼多，有時會更多；但是，大部分的公司都努力銷售股票，所以不動產要比資本少得多。許多公司融資的結果都比他們真正擁有的資本多一千倍。在美國許多州寬鬆的法規下，一家公司的帳面資本可能有一億美元，然而它的真實資產可能非常少，只是一個沒有用的破專利權。

股本（capital stock）：公司營業執照上規定的股東注資的金額。在一些州，股本必須要用現金支付，在另一些州可以用期權或專利權支付。

保兌支票（certified check）：呈遞給銀行但還未兌現的支票。一些銀行的職員，經常是出納員蓋上「保兌」的印，並在下面寫上官方的簽字。對收到支票的人來說，支票實際上是一張存單，支票的損壞會導致無法兌現現金。如果存款人用保兌支票付款的話，當銀行拒絕兌現時，它是有責任的；但是，如果收到支票的人讓銀行去兌現，那存款人就免於這方面的責任。

動產抵押（chattel mortgage）：是拿私人的財產作抵押，例如：傢俱、汽車、股票，除不動產以外的任何財產。

商業票據（commercial paper）：是指商業往來中的票據，可以交易，也可以出售。

普通股（common stock）：在優先股股東獲得紅利之後，可以讓股票購買者獲得同等紅利的股票。

壟斷市場（corner）：股票市場用語。股票被大量的購買，這樣買者就能控制股票的價格。

息票（coupons）：是有些債券的一部分，但是可以分開使用，在規定的時間內，持有者可以獲得利息。可以按照息票上所印日期剪下，來兌換現金。

場外交易市場（curb market）：是進行股票和債券交易的地方，通常在大街上，因此得名。在這裡買賣的股票或其他的債券是正式的股票交易所不承認的。場外交易的股票很有可能是有問題的股票，或者是風險極大的股票，小投資者最好遠離場外交易的所有股票和證券。

信用債券（debenture bonds）：除了有好的意圖和信譽做保障，此外沒有任何具體的或有形的資產做擔保抵押。

紅利（dividend）：股東所分的利潤。

股金全部繳訖的股票（fully-paid stock）：用現金和財產的方式購買股票，或者用一些認可的、合法的等價物來購買，是無法估價的。

期貨（future）：在規定時間內，買方要求運貨的權利和賣方要求運貨的權利。

羔羊（lamb）：是指那些沒有經驗的股票買家和投機者。傻瓜這個詞可能更貼切。

上市的股票和債券（listed stocks and bonds）：是股票交易所和主板市場推薦和銷售的股票。不受股價波動的影響，但是不能理解成上市的股票就是有保障的。許多人都是買了所謂的可靠的股票和債券，結果傾家蕩產。

期票（long long on the market）：在購買股票時，對價格有個提前的期望值。

股票保證金（margin）：就是客戶只付股價的一部分就可以購買股票，通常的付款是股價的十%。通常，以保證金購買股票有九十%的比例會失敗。

抵押（mortgage）：抵押也是一種交易，但是承押人直到抵押過期才能擁有抵押的財產。只要定期付利息，承押人是不可能在沒有喪失抵押權之前獲得抵押的財產的；如果抵押人付了本金和利息，是可以在抵押到期的時候收回財產的。

承押人（mortgagee）：是做抵押貸款的人，他們拿抵押的財產做擔保。

抵押人（mortgagor）：把財產拿去抵押的人。

票面價值（par）：任何事物的面值，特別指股票和債券的票面價值。一流股票的票面價值通常是一百美元。

點數（point）：指每股一美元。例如，當股價漲了十點，股價就漲了十美元。

聯合投資（pool）：為了達成某種交易，共同購買大量的股票。

優先股（preferred stock）：在購買普通股的股東分紅之前，購買優先股的股東就可以從淨利潤中分紅。如果公司解散了，優先股的股東比起其他的股東還是有一定優勢的，但是，不管公司的獲利有多大，優先股的分紅都不會超過票面所規定的金額。

私營企業（private corporations）：以個人的資本和個人的管理進行生意往來的商業公司，並不受超出管理一般公司的法律的約束。這些公司包括商號和其他合夥經營的公司。

公營企業（public corporations）：是指市政府和州政府的組織。

私營公用事業的公司（quasi-public corporations）：是需要特許經營的公司，例如，電話、電報、鐵路、煤氣和自來水公司。雖然是私營的公司，但是也在政府的管理下。

賣空（selling short）：在出售股票時，希望有人買股票和成交的時候價格下跌。

股份（share）：是一種股票的權證，表示擁有一定的股票。

償債基金（sinking fund）：把一定數目的錢留作特殊用途。

企業聯合組織（syndicate）：為了進行某項商業交易，許多商人聯合起來。

證券包銷（underwriting）：一個或幾個銀行業者和操控者，在一個特定的價格買下所有發行的證券，然後再以較高的價格零售證券。

摻水股票（watered stock）：當發行的股票超過有形資產的價值，那麼這種股票就被認為是摻水了。

運營資本（working capital）：公司資本的一部分，直接用來進行商業往來。

庫藏股（treasury stock）：是指未被出售的股票，一直留在公司的財務部，等待商業時機再出售，實際的收益將歸於公司的業務。

Intelligence 02

理財智慧書——給月光族的財富手冊

金塊文化

作　　者：納旦尼爾· 克拉克· 小福勒
　　　　　（Nathaniel C. Fowler, Jr.）
譯　　者：胡彧
發 行 人：王志強
總 編 輯：余素珠
美術編輯：JOHN平面設計工作室

出 版 社：金塊文化事業有限公司
地　　址：新北市新莊區立信三街35巷2號12樓
電　　話：02-2276-8940
傳　　真：02-2276-3425
E-mail：nuggetsculture@yahoo.com.tw

劃撥帳號：50138199
戶　　名：金塊文化事業有限公司

總 經 銷：商流文化事業有限公司
電　　話：02-2228-8841
印　　刷：群鋒印刷
初版一刷：2011年6月
定　　價：新台幣240元

ISBN：978-986-86809-9-9

國家圖書館出版品預行編目資料

理財智慧書：給月光族的財富手冊／納旦尼爾．克拉克．小福勒
(Nathaniel C. Fowler, Jr.)著；胡彧◎譯
——初版. —— 新北市：金塊文化，2011. 06
面； 公分. ——（Intelligence；2）
ISBN 978-986-86809-9-9（平裝）
1.個人理財　2.生活指導
563　　　　100009740

本書根據A.C.麥克科魯洛出版公司1912年原版翻譯 Chicago A.C. McCLURO & Co. 1912
原著書名：How to Save Money

金塊文化

金塊文化